野百合书店
Wild lily Books

局外人空间
The outsiders

雪山书集
MONTAGNE
MORE BOOKS

爬上山顶，看世界
野山书店
YeShan bookstore

无艺术书店

之外
ZHI WAI

遇見書房

邺架轩

雍和
YONGHEBOOKYARD

自在觀

YIJIAN

书山有径
转角遇到你

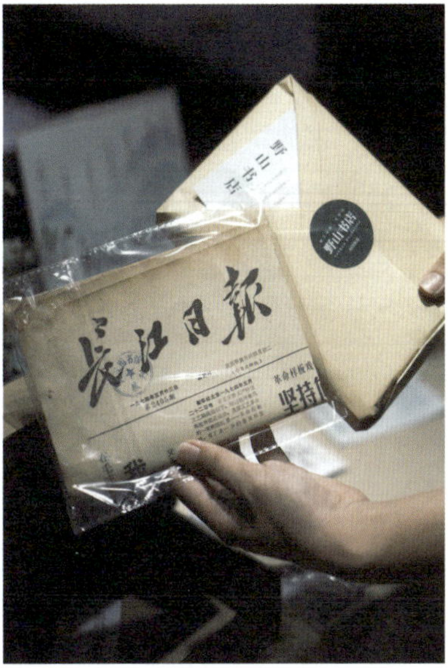

林——真正属于青春、属于热情的行动。她还带来了手写的毛笔字书签，写的是野山书店和书店吊旗上引用的海子的诗句。啊，太漂亮了！

另一个惊喜是，播客“各站停车”的主播小盒子也来了。我们听过他和朋友制作的这档播客，印象深刻。之前在“小宇宙”已经接上头，知道小盒子会来，没想到和 Coriander 在同一天。但最惊喜的还不是这突然而至，而是我们和小盒子在现实生活中本来就相识！

这种奇妙的遇见实在能给人丰富的体验，我们每一个具体的人都有多个维度。同时，我们更加觉得，野山书店的“播客书店”属性很强，我们连接附近的尝试，率先通过播客找到了最初的朋友，而他们的到来，让我们更有动力、更有信心一步步往前，一点点打开。

书店试营业后，陆陆续续认识了更多远方和附近的朋友。试营业的第一天，我们仿佛在一天内见了平时一年见不到的人。在小红书上，我们从装修日记到书店日记，叨叨买书、卖书的日常，不断有人看了日记走进我们的实体书店。在网上，附近 500 米和同城 5 公里的地理差异被抹去，声音被听到，就会有回响。桂林不大，市区也有 90 万人，而可以读到新书的书店，屈指可数。

野山书店的故事刚刚开始，经营好还得付出很大的心力。无论是附近的朋友，基于野山书店的实体空间；还是远方的朋友，通过播客来与我们连接：我们都很想和大家一起，多读一些好书，多聊一些有意思的内容，让眼界更开阔、心灵更富足，去实践生活的更多可能。

爬上山顶，看世界

野山书店

YeShan bookstore

书店地址：广西壮族自治区桂林市七星区环城南一路 21 号

栖霞府南苑 6 栋 1—04 商铺

开业时间：2023 年 5 月 28 日

书店格言：爬上山顶，看世界

小红书账号：野兔与山猪 | 播客：最近买了什么书

② 一家独立书店的公共生活之路

朱　彦
野梨树书店创始人

野梨树书店的名字来自土耳其导演努里·比格·锡兰的电影《野梨树》，讲述了刚刚大学毕业的青年司南准备出版自己的第一部小说，返乡筹钱，历尽周折出版的小说却无人问津，似乎只有曾经关系疏离的父亲认真地读了好几遍。父亲曾执着地要在山坡上挖一口井，在影片的末尾，父亲仍在雪地里挖那口井时，司南选择了下入井中帮忙，即便知道只是徒劳一场。电影在一首巴赫的 C 小调帕萨卡利亚与赋格中结束，落满了雪的山丘上，一场父与子的和解寂静无声。

野梨树结出了酸涩的果实，在一片贫瘠之地上。我喜欢这样的电影，它有很强烈的文学性。野梨树本身的意象也吸引着我，野生的，就是一种主流之外的选择。

在书店开业一周年前夕，我前往了土耳其。从伊斯坦布尔旅行至南部的恰纳卡莱——电影《野梨树》的拍摄地，去寻访电影中的野梨树。在荷马史诗的《伊利亚特》里，这里也是特洛伊战争的发生地。这次旅行，是一次回归，也是一次告别，是对源于这部电影而得来的书店名字叙事方式的一次告别。从此时开始，我决定放下一些东西，这家小书店才可以行走得更远，更开阔。

想起了书店开业时，我写下的一段文字："我想到野梨树未来一定要回归街道，回馈街区。在选书上，没必要规避大众经典，把自己的选择更多延伸到社区与街头，温和而富有活力，不断运作，加以牢固，在贫瘠之地，徐徐生长。"

在野梨树书店开了 10 个月后，发生了一件事。

某个天气极好的下午，书店里正播放着德沃夏克的《第九交响曲》，这部交响曲包含着两个不同的主题，一个是出走，另一个是回归，它也有着另一个名字——自新世界。书店里人头攒动，几十位顾客，有男有女，围在吧台四周，认真又随性地用笔在上面画着一些图案，写着一些短句或长诗，慢慢地，吧台长满了文字，布满了画……10分钟后，所有人一起用铁锤砸掉了它，吧台变成了一堆砖块散落在地上。有人写下了一句“所有的混凝土都会开裂”，吧台在这句话之间裂开，轰然倒地。这件事像是这家小书店的历史拐点一样，在这天之前的那部分故事，是关于一位书店老板的自我迷恋，后面的部分，是关于一家书店走向公共生活的尝试之举。

因为要讲述一家开在成都的独立书店，不得不提它所带来的一种公共生活。砸掉吧台，其实是因为书店的活动很多，但空间十分有限。每次办活动的时候，为了让更多的人站着旁听，只好把吧台里面的空间也让出来。在大多数有吧台的店里，吧台属于“内部区域”，

通常不会让顾客进去的，但是野梨树的吧台多次被“占领”。干脆把吧台拆掉，把这部分空间让步给公共活动。

拆吧台那天，我没有雇工人，而是以发起一场活动的方式，招募了几十位书店顾客，邀请大家在即将拆除的吧台上即兴创作，完成一幅仅留存10分钟的作品，然后所有人共同把它砸掉。有的人砸出了电光火石的火花，有的人寻找一块带有自己写下的文字的破碎砖块当作纪念品。它像是一场行为艺术，也是一个公共宣告——这家年轻的野梨树书店，正在摒弃过去的经营方式，由此进入了2.0版本。

做这件事的目的很简单，砸掉吧台，意味着在书店的空间布局上去掉权力的中心，意味着书店走向公共空间，只有这样，才有可能实现公共对话，建立公共文化生活的基础。公共生活的形成，离不开参与者，或者说离不开一座城市里关心公共事务的人群，之前很多朋友和我聊过，类似北京、上海这样的大城市，文化资源很多，人口数量也很庞大，却难以有真正的公共生活。

有一次我到北京参加书展，顺便探访了几家书店，出行的时间和成本都非常高。北京的城市半径比较大，人和人想要见一面，从一个地方到另一个地方去参加活动，有很高的时间成本，这种成本带来的是焦虑。与成都毗邻的重庆同样也是如此，整个城市的结构是把不同的地方切割开来的，地理上是分离的，两地之间要过大江、跨大河、上山过坎，仅这一点就成了公共活动难以形成的原因。

后来，重庆有了一家叫匿名书店的独立书店，书店的主题就是“重返公共生活”。书店主理人也是媒体人，每次举办活动时，书店里和野梨树一样，挤满了对公共议题感兴趣的读者，有一种“流动的盛宴”般的文化盛况。原来城市里有这么多人关注文化生活与公共生活，嘉宾与观众们对面而坐，各抒己见，平等对话，不再像过去把嘉宾置于高台之上，与读者遥遥相望。观念与观念之间的那道无形的、难以逾越的鸿沟被打破了。

在匿名书店外的院坝，一场公开的关于社会议题的辩论正在进行，对参与者的公共论辩能力要求很高，就像是在雅典城邦，公民们正在举行的一场辩论，艺术、法律、公共性由此诞生。

野梨树书店开业时，我就尝试把它做成 book&brew 的模式，就是把专业的精酿酒吧和独立书店一起经营的方式。酒精带来的放松感，更易于打开对话，野梨树的空间不大，所有人都可以互相看到，听到对方说话，沟通无障碍，交流更自然。书店的氛围，也是一种隐形的约束，不至于让人在酒精作用下失去理性，两者的总和，就是公共对话的基础。从古希腊时期到近代的作家文人们，比如尼采、海明威、菲茨杰拉德等，都与酒有着密不可分的关系。我们有太多关于酒的故事可以讲述，它正引导着一家书店形成一种特有的氛围。

在书店装修的那段时间，我每天从住处到书店坐地铁往返，会带一本柏拉图的《会饮篇》，一直被书中所描述的场景和对话所吸引。野梨树开业的活动可以说就是书店的底色与基调，第一场活动的主题就是柏拉图的《会饮篇》。当天书店里来了40多人，围席而坐，边喝酒边聊天，持续到深夜，人群久久没有散去。那是一场愉快放松的对话，人们在对话中看见彼此，它也成了野梨树延续至今的公共活动的氛围。

与重庆不同，成都的城市规模和布局，为数量众多的公共文化活动提供了更便捷的条件。很多活动集中在三环以内的老城区，比如独立书店数量密集的玉林，以及野梨树所在的桐梓林等地区，很多地方骑车不过10分钟左右，更多的地方甚至步行即可。一个城市的公共文化其实就像水一样，只有易于流动，才能形成一定的气候，最终才会汇聚成湖海。

一家独立书店，很多时候就是主理人的个人意志、审美与经验的呈现，这也是我前面所说到的"一位书店老板的自我迷恋"，这种迷恋如西西弗斯推动的那块巨石，将他的命运与巨石连在一起。比如，主理人可以决定把什么样的书摆在书架上，这是一种很大的权力；另一种权力的象征，就是一个漂亮的吧台，等同于一块拥有特权的私人领地，它带来的某种安全感和确定性，把主理人与顾客隔绝开来。因为个人意志、审美与经验等，独立书店才有了独特的价值取向，但不限于对文艺作品的自我陶醉，以及

品牌不成熟，不做会员体系

书店开业的时候，很多好朋友来捧场，询问怎么办会员卡。

办会员卡这件事，其实是把双刃剑。品牌创立初期，书店运营不稳定，运营策略也在不断调整。诚然，会员卡能给书店快速回血，可它消耗的是朋友和客人们的信任。老米自己也没少支持朋友新店做捧场充会员的事，疫情三年倒掉的店太多，会员卡里没有消费的金额纯属友情支持了。当然也有想方设法通知会员退费的，这种有担当的行为值得褒奖，可就算拿到退款或者等价补偿的产品，心里也会有些失落。而忽悠客人办会员卡，再卷款走人的店就更多了。

NOART 无艺术书店是一个自由开放的文化空间，是情感联结的纽带，是让客人形成强烈归属感的地方。所以在品牌成熟之前，老米不愿消耗大家的信任，因此不考虑做书店的会员充值体系。

小小空间独特设计

小小空间还设计个斜坡，能不能让人在书店里坐得舒服点？

老米很喜欢也很重视设计，毕竟要做武汉首家设计书店。书店的设计是与青微舍的胡兴团队合作的，虽然被很多来过的朋友吐槽，却是老米最开心也是最正确的决定。

建筑师胡兴特别擅长做小而美的项目，与老米相识多年。书店的场地属于“厢式防水墙廊”，是长江防洪基础设施的一部分，这和他博士阶段的研究方向一致——城市基础设施微空间改造再利用。所以聊起书店的设计时，两人一拍即合，设计方案出了一版就基本确定。

“厢式防水墙廊”是长江沿线防洪系统的最后一道关卡，其内部是进深 8 米左右的长条形空间，被鼓励用作各类商业经营门面。然而，汉口江滩更多的是会所、高端餐厅、茶室和豪车 4S 店，与江滩公园里奔跑放风筝、跳广场舞、散步遛狗的人们，形成了巨大的反差。

胡兴对 NOART 无艺术书店的设计，兼具咖啡与展览，是该地段第一家真正打开大门欢迎人们自由出入的日常空间。他认为在江堤上做项目格外有意义。作为防洪基础设施的一部分，每年汛期都有被淹没的风险，因此，胡兴的第一个设计就是将室内地面以无障碍坡道的标准建造，方便被淹后迅速排水。而这个脚下的微妙变化，也试图达到调整注意力、拉长体验感的效果，不会令人感觉这小小的 50 平方米的空间 3 秒钟就能逛完。此外，从地面以 600 毫米为界，其上采用比较精贵的材料，其下采用粗糙耐久的材料，一种可以泡在水里的体验，甚至期待一场打着赤脚蹚水进去看的“水上艺术展”。

最初的设计并没考虑在书店里放太多座椅，这家策展型书店更像是一个画廊空间，大家来看展，或者在书店对面的绿色长廊坐着看书、喝咖啡，看到喜欢的书和艺术作品就买走。实际运营之后，发现还是有很多客人喜欢在书店里坐着看书，而要在这个斜坡上坐得舒服，还真不容易。为此又挑选了不少款座椅，最后觉得还是露营椅最适合。

NOART 无艺术书店里的斜坡设置，给到店的客人留下了深刻的印象，无论是认同还是质疑，都在无形中增加了品牌的传播度。

一书换一书，流浪图书

2022 年 9 至 10 月，小红书联合全国 42 个城市的 100 多家书店，举办了为期一个月的换书活动。有人带着一本绝版好书跨越城市去交换，希望遇到懂 TA 的人；有人在换书的扉页上留言“交换书，也是在交换不同的人生啊”。

老米在“一书换一书”的活动上，遇到了很多有意思的朋友。比如：从学院翻墙出来换书的大学生；从杭州寄书过来交换的女孩；一本书不要，却给书店留下几十本精美的设计艺术专业书籍的设计总监……

NOART 无艺术书店会一直延续“一书换一书”的活动，并且还在策划流浪图书计划，在书店所在的公园里定期举行流浪图书分享活动，以书交友，放大纸质书的体验感。

一书一展览

只卖一本书的日本森冈书店，以一册一室的概念每周推出一本书，将 15 平方米的书店空间利用到极致。这不仅是断舍离式的文艺落地活动，更是精准定位客户需求的商业路演。老米很喜欢这个理念，以策展人的思路做书店成了 NOART 无艺术书店的

核心理念。

自开业以来，书店策划了多场展览活动，每次展览主题的变化，都会对选书提出严格要求。比如：书店第一场展览，是书店设计师胡兴的设计展，在店内陈列其设计作品的模型、照片、影像等，举办设计沙龙，并同期展示以设计师推荐的建筑设计、室内设计、软装设计等主题书籍，来书店的客人沉浸在设计的氛围中，买书的人群更有针对性；第二场展览，邀请到知名作家、城市历史建筑研究专家胡榴明老师，适逢她的新书《武汉城市记》发布，书店围绕胡老师探寻武汉城市建筑历史20年的线索，将其珍贵的摄影作品、历史建筑手绘作品，以及绝版和私藏的文学著作进行布展，获得了书友们的一致好评；2023年2至3月，和新经典合作发售伍迪·艾伦的唯一自传《毫无意义》，在书店举办了一系列关于其纪录片及电影放映的活动，以及限定周边、专属文身贴、老报纸和伍迪·艾伦金句等氛围营造，极大地促进了自传销售。

我们会持续把书、展览和活动串联起来，将策展型书店进行到底。

扭蛋机和知识冰箱

我们是武汉第一家在书店里做扭蛋机的。书店小伙伴们自己DIY了一台扭蛋机，供在店里消费的客人玩，扭两下就会出来一个蛋，蛋里有老米精选的一句话，或者店里的折扣券，或者指定咖啡、书籍的赠券等。

刚装好扭蛋机的当天，就碰到一对在江滩散步后进店休息的母女。女儿买了好几本书，让母亲扭出一个蛋，里面是一句话：“对待自己温柔一点，你只不过是宇宙的孩子，与植物、星辰没什么两样。”女儿高兴极了，觉得与自己的心情十分契合。过了几天，书籍赠券被一个小女孩抽到，她选了一本理想国M系列《残酷剧场：艺术、电影与战争阴影》。有很多到店的客人甚至是因为想玩扭蛋机才进行消费的。

书店里还设有一个装冷知识的“冰箱”，这个梗在小红书里挺火，冰箱也由此得来。

因为书店斜坡上放不了，过道又比较窄，所以去旧货市场淘个绿皮冰箱的想法只能作罢，最终选择了一款韩国产的儿童玩具冰箱。上面冷柜里装的是老米的藏书，比如签名版的《可能性的艺术》，下面冷柜装的是一些定期更换的微瑕书。书店的常规书是不打折的，但冰箱里的书全部六折。

我们是一家不太正经的正经书店，只要客人喜欢，我们就会继续玩下去。

天台放映计划

书店二楼的天台，很适合举办户外活动，加上露天电影非常火爆，因此书店每周六设有电影放映活动。根据书店内的展览调整放映内容，且有专属的天台放映计划，让喜欢电影的朋友报名参与选片。如果遇上刮风、下雨或极端天气，就改为室内观影。书店举办的观影活动是免费的，只需要任意购买一杯饮品或者书籍就可以报名参加。

最受欢迎的一次放映活动，是伍迪·艾伦的经典作品《安妮·霍尔》，当天来了好多对情侣。而老米最喜欢的一次放映是跟“影像后宫”合作的青年导演徐简民的短片系列《一日的永恒》，那天下着小雨，大家就窝在书店内观看，气氛特别好。江滩的环卫阿姨路过，在门口看了半天，喊她进来一起看，她还很不好意思。

未来书店希望和更多专业的放映机构以及影像艺术机构合作，为大家提供更多更有意思的体验。

请 100 个想开书店的朋友喝咖啡

这个想法源自小红书“请 100 个陌生人喝咖啡”。

太多书店倒在了疫情三年里，武汉也不例外。那些受大众喜欢的书店，有的闭店，有的歇业，好像只有在关门的时候，才会唤起大众的关注和支持。但是，依旧有不少有情怀、有魄力、有勇气的爱书人创立了新的书店品牌，或者正计划在城市的某个角落开一家小书店。开书店的人没有那么伟大，需要绞尽脑汁地去盈利，维持生存，这个群体需要被市场所接纳。

所以，老米发起了“请 100 个想开书店的朋友喝咖啡”的活动，希望与真正喜欢书店、想开书店的朋友交流和分享开书店的体会，或者劝退你进入这个行业……

活动发布后的第一个客人，是一家武汉本地精品民宿品牌的负责人。她说即使没有这个活动，也会来找老米喝咖啡取经，她想在乡村开一家书店，老米正在帮她出谋划策，或许很快就能看

NO ART
无艺术书店
About 关于
小红书
I HAVE A SMALL BOOKSTORE
我有一家小书店，
WILL YOU COME TOMORROW?
你明天还来吗？

到武汉第一家乡村书店了。

最近一次分享开书店的心得，老米推荐了一本书，是石桥毅史的《书店不死》，他很喜欢里面的那句话：“唯有书店才是把书传递下去的中坚力量。”

老米很希望 NOART 无艺术书店能成为一家百年老店，但他今年的目标是让书店活到明年！

无艺术书店

书店地址：湖北省武汉市江岸区汉口江滩公园三期 148-1 号

开业时间：2022 年 5 月 1 日

书店格言：无艺术，不生活

微信公众号：NOART 无艺术书店

小红书账号：NOART 无艺术书店

抖音账号：无艺术书店

4 一家养成系书店，去往自己的阅读之森

海　蒂
镜中书店创始人

可以重启的人生，但不许回头的书店

套用热播日剧《重启人生》的设定，如果在转世的时候有机会重新来过，我一定不会选择在2020年辞职，在2021年筹备书店，并把一家书店的创始年定在2022。

没有几个理想主义者可以顺利走出2022年留下的阴霾与创痛，尤其当你选择的行业是以文化为表达核心，注定承担着城市人文功能的时候，这份时间随机分配的创业礼物，消化起来尤其艰难。

但话又说回来，哪怕重启人生，我的答案也绝不是“不开书店”。相反，我希望镜中书店能够更有勇气，能够早一点诞生，能够有足够的时间孕育最初的生根发芽，能在风浪到来时，拥有足够一往无前的力量。

铺垫到这里，接下来正式向各位介绍，镜中书店是一家2022年诞生在湖南长沙、生长于岳麓山脚下的书店，店名来自当代诗人张枣的代表作《镜中》，同时呼应着我对书店与在地文化之间，保持可持续性、可创生性的关系。

该如何行动交出满意的答卷？一如对自身发问做出的回答，创业开书店的过程，也是面对层层叠叠的问题的过程。

这些问题，每一家书店主理人都十分熟悉：开书店赚钱吗？为什么要开书店？开书店，是为了情怀吗？

大部分问题的答案，时间本身可以比我回答得更好。当一个念头经历时间的考验，在商业的路径里，面对此消彼长的新陈代谢，结论不言自明。

除此之外，有一个问题或许确实需要认真回答：为什么要在长沙开一家书店？

时间拉回到2012年，彼时的长沙和我都在寻找自己的定位，而交汇点发生在一家名为“熬吧”的民间读书会，那是前一批民营书店逐渐失声、新一代实体书店尚未成型的阶段，熬吧在城市中心的一幢大厦五楼，构建着一批尚未失声的知识分子的流转发声之地。

21岁的我，以志愿者主持人的身份加入其中，巨大的新鲜感和观念的更新扑面而来。彼时的熬吧迎来送往的人，至今仍坚持在创作前线的不在少数，比如韩少功、许知远、蔡澜，还有更多虽然已逐渐淡出公众视野但影响力仍在的钟叔河、朱正……理想主义者们心中的向往如果是“谈笑有鸿儒，往来无白丁”，那当年的熬吧大概就是这样的“桃花源”。

从熬吧开始真正获得启智的我，跟着时间一路来到新的岔路口。2015年始，迎来新一代实体书店的发迹。无论是更具原创性的方所、西西弗书店，主打连锁的言几又书店，或者更注重生活品质感的诚品书店，以及长沙在地的止间书店、目田书店……越来越多不同方向却各有千秋的书店在新的政策土壤下开出各自的花，一夜之间，前所未有的生机与活力涌动在这个被称为“夕阳”的行业里，也召唤到更多致力于文化产业的朋友们加入其中。

2016年，当当梅溪书院在长沙开业，恰逢其时地开启了我的第二个关键阶段。当年的我身处浪潮之中，并愿意以此成为终生事业。当当梅溪书院，是一家看来颇有“城市奇观”意味的5000平方米复合式书店，当我以品牌和活动主理的身份来到书店工作时，对于职业维度带来的成长毋庸置疑。在此之前，没有书店会把“一年完成300场”活动作为KPI，而线上零售巨头当当网与本地商业巨头步步高集团的联合，注定为这家定位为“城市艺文会客厅”的书店带来了更多可能性。

短短几年的时间，我操持过“顶流作家”签售几千人排队的盛事，也迎来送往着不同公众人士的新书发布现场，当然也有幸邀约了诸多的“时代精神偶像”在书店与读者见面。在这样漫长又短暂的1000多天里，我的微信签名保持在卡波蒂的四个字“盛宴易散”上，它时时刻刻提醒着我，这些闪耀的群星和流动的盛宴是如此可贵，它们定格了那些足够饱满的美好时刻。因为历史自身特性的缘故，之后或许在更加漫长的岁月里，我们只能以这些回忆一遍又一遍印证自己前行的脚步，时刻提醒着自己，那些曾经对阅读的偏见早该消弭，身为阅读这座神殿里的供奉者，接下来能做的，唯有秉持自身的信念，面对未知的岁月，无所畏惧地走下去。

经历了微不足道的6年时间，回头凝视，时间留下了信念感，同样也留下了问题——在电商对实体书店带来的几乎覆灭性的价格冲击，以及出版物价格保护机制过于脆弱的当下，在书店靠卖书的利润根本支撑不起运营的当下，进入商业综合体，真的是实体书店最好的选择吗？在商业综合体里作为引流工具存在的实体书店，还有什么更好的办法，能够让仍然愿意坚守的书店人获得更好的运营保护？

三年疫情之后，答案并不乐观。疫情或许不是最大的原生问题，但它一定是最重要的加速显像器。它让那些脆弱的体系更快地暴露出问题，也催化了一批曾经辉煌的实体书店的逐一落幕。

但是，这几年，上海、广州、成都、杭州等城市，陆续生长出来更多、更灵活、更个性的实体书店，其中也包括镜中。不能算“应运而生”吧，但至少，镜中书店，是我在入行10年，经历了民营实体书店潮起潮落之后，交出的一份答卷。

镜中
OPENING HOURS
Tue - Sun
10:00 am - 21:00 pm
TEL:15674906423
旧书换新友

一座有价值的城市，不应该只有吃喝玩乐

2022 年，镜中书店攥紧时间的缝隙，以近乎奇迹般的可能性，办了一场名为“平行”的诗歌节。而关于上述问题的答案，借由诗歌节的发刊词，我原原本本地写了出来，这一次，也借由《书见》约稿之契机，附于下文，作为分享（节选自“平行诗歌节”和“镜中 InTheMirror”公众号）。

定居在长沙，生活中被外地友人问到最多的问题是：你们长沙人都不睡觉的吗？不睡吗？好像是真的。

或许是气候，或许是娱乐传媒产业发达，或许就是城市性格使然。总之，凌晨 3 点的黄兴广场上人潮涌动，扬帆夜市香气冲天，湘江边的公社和太平街里的茶馆一样喧嚣沸腾，东瓜山买香肠排的队快要和南门口买糖油坨坨的队连在一起，潮宗街定王台喝完酒出来的说唱歌手们转身就去街边搞一桌凉菜呷。

几个小时后，上班的上班，上学的上学，端着咖啡白沙路上嗦碗粉，人声重新涌进潮湿的空气，香樟树摇动着叶子追赶公交车，这座不知疲倦的城市又醒了。长沙，是永不打烊的烟火之城。而在永不打烊的烟火气的肌理之下，一种暗流在涌动。那是睡着了的，关于人的故事。

潮宗街上端着咖啡杯走来走去的朋友们大概不会突然想起，这条路的尽头路对面，即是中国最早的新式学校时务学堂，当年的中文总教习叫梁启超；而潮宗街，1951 年陈寅恪

在此客居。由人构成的历史，由人更新。

生生不息的烟火气背后，是不息生长着的长沙人。和五一广场相去不远的岳麓山脚下，平行的生活正在同步发生着。这座城市的火热吸引着越来越多年轻人，年轻人的涌入也令城市边界越来越开阔。虽然毗邻城市中心城区，却不为“烟火”所动，野生自由，宁静安详，剥去对城市固有的想象，展现生活的另一种可能。

岳麓山，这座历史悠久的名山，如今逐渐成为城市中心的森林公园。岳麓山，有没有可能是人文与自然共存的理想城市新场域？

带着这样的想法，2022 年，镜中诞生于岳麓山下。

城市并非天然缺失文化，它在等待，在对的时机被对的人唤醒。一群青年人，在这里重拾人文行动，以山为镜，在地筑诗，呼应与找寻属于岳麓山的节奏。

我们坚信，语言是一座城市的精神源头，而诗歌的力量可以激活一座城市新的人文气象。

一座有价值的城市，不应该只有吃喝玩乐。

书店身处其中，应该以什么样的生态迎接这座城市的新青年？在完成了从 0 到 1 的镜中书店，也有一些属于自己的“心法时刻”。

一家养成系书店，去往自己的阅读之森

镜中书店选址于岳麓山脚下的民房，从一开始就注定了它即

将踏上一条充满未知的装修之路。除了保留民房原有的制式，镜中进行了刷新式的改造。

拆掉了原有的老式住宅琉璃瓦尖顶，保留能看到岳麓山和城市天际线的天台；打掉了原来开门的位置，换成了尽可能多的玻璃窗；从老木材收购商里找寻松木整料，把木匠师傅从乡下拉过来，按照书店的规格定做顶天立地的书柜……

这一切必要之工作都带着决绝的省钱意味，或许因为我在朋友圈以坚韧乐观的态度不断分享每一件小事完成的喜悦，慢慢地，越来越多的朋友加入了“为镜中拼拼凑凑”的行列里。

起初，一位前辈把家中闲置的真皮沙发捐给了镜中；之后，佛山家具厂的朋友看到镜中空空荡荡的样子运来了两张崭新的办公桌。后来的事情越发离奇，店里的大部分椅子是一个开花店的朋友的仓库存货，几千张 CD 同属一个独立导演朋友，咖啡机从一个开酒吧的媒体大佬那儿拾得，桌子是从舞蹈工作室抬来的，甚至连收银系统都是开咖啡馆的姐姐转送我们的……诸如此类的故事随着开业不减反增，于是，店里时常突然多了一套音响，冒出了好多漂亮的花瓶和花，还有一些可爱的摆件……

镜中书店算是身体力行地做实了“养成系书店”这件事。除了书店本身是崭新的，其他的物资，多多少少来自这座城市发自内心的善意。善意当然激发更多的善意，镜中回馈这座城市的方式是持续的活动与发声。

说到具体的事情，对于从开业伊始一直走到现在的小伙伴来说，在心智和体力上，都陪着我经历了一次足够有挑战的考验。因为镜中一直希望做“难却正确的事情”。于我自己而言，哪怕

在过去 10 年的经历里，已经实实在在地操持过几百场在难度上各有千秋的活动，精准地抵达最后想说的那句话，仍然格外困难。

如何切中社会共情话题，如何带着不偏不倚的态度发声，如何赋予一款饮品与风味匹配的名字，如何让引进的书和文创商品自己开口讲故事，如何一边发掘城市内容一边以最熨帖的方式将其整合呈现——说是做实体，其实更像是把实体作为杂志，进行

选题、策划、表达、零售和体验的系列规划。

在盛夏傍晚邀请音乐节目主持人在天台上打碟，村子里的小孩和年轻人在暮色里跳舞，我们叫作落日派对；在店里布置一次又一次展览，展览并不向专业艺术靠拢，但涉及人文世界的方方面面：绘本创作、色彩哲学、新媒介诗歌；乐此不疲地与读者互动，收集他们朗读诗歌的声音，制作成视频和展览，我们称其为“诗歌车间”。

我们莫名其妙成为国内播客主和播客爱好者们津津乐道的焦点，因为书店里有一座“间接电波塔”，在地的和旅行过来的播客朋友们，时常坐在房间里录制关于长沙或更辽远的话题，让时代的回音留在岳麓山的记忆里。

当然，我们也举办作家分享会，企图让分享会“折腾”一点。比如，我们让上海来的作家 btr 带着读者朋友们一起把 34 本书叠在一起，我们管这叫“为岳麓山增高一米”；或者我们拆解一本《单读：当代剧作选》，在地的戏剧爱好者把三层的镜中当作流动的剧场，在其中流连表演。

我们甚至做了一个诗歌节，一本诗集，一份日历。2023 年 3 月的最后一天，我们做了自己的第一本城市探索发现小报，12 版，记录着对这座城市的感知。

我们以绝对的竭尽全力，以一座书店的方式，抵达我们可以抵达的一切。这一切在 2022 年，发生在无数个碎片中，发生在无数次的档期修改和未知变化中，如今这些瞬间得以重新相遇，它们构成着镜中书店完完整整地从 0 到 1。

让我们与最初的话题呼应，是命运让镜中书店开在了2022年，大概率不会让其一帆风顺，但对于一家志向百年的文化品牌来说，它经历了足够现实、足够残酷的第一年，它让这个长在土里的书店的根系更扎实，树干更挺直，也让这个书店所希冀构筑的在地文化生态，有了足够细密的想象力和足够坚忍的意志力，用足够的耐心，去见证和陪伴——阅读之森。

鏡中

IN THE MIRROR

书店地址：湖南省长沙市岳麓区白云路 99 号
省委党校旁道坡巷向上 200 米

开业时间：2022 年 4 月 16 日

书店格言：心象风景

微信公众号：镜中 InTheMirror

小红书账号：镜中 InTheMirror

5 开书店，其实是我的退休策划

刘琼雄
读旧书店创始人　荒岛图书馆发起人

“很多人问我开书店为了什么？为了赚钱。”

在朋友圈偶然看到这个文案，立刻被触动，存了下来。这句话被主人写成书法贴在一家独立小书店的墙上，成为一个打卡点。

开了书店之后，我也被许多朋友问过同样的问题。

没错！我的答案当然也是“为了赚钱”！但我知道他们其实并不相信我的回答，直接判断我开书店是为了情怀。因为，开书店已被公认为实体经营的第一大坑。你要是开了书店，周围的生意人会用同情的眼光看着你。

我始终认为，书店就是一门生意，而且它仍有创新的空间，并没有走到绝路，还是可以赚钱的。当然，需要精心准备和耐心守候。

虽然受疫情的影响，虽然有电商和手机对书业的各种冲击，但我始终认为，看书、买书依然是人类不能离弃的行为。只要有人在探索世界，还在对人类自身怀有好奇心，就必定有阅读纸质书以及书店的一席之地。作为一名深思熟虑之后加入书店业，并准备以之为长期副业的小书店主，我只要找到并耐心经营好自己的一席之地就可以了，不必忧虑那么多关于行业的事情。

我的第一家真正的书店——怪书书店，实际面积 8 平方米左右。在 2020 年 12 月开的这家书店完全是个意外，而且可以说它提前步入了我的人生。

开书店，本来是我的退休策划，计划在 60 岁以后再启动的事情。在 43 岁的时候，我选定了以书养老的人生终极决策之后，就开始了围绕书及书店的各种策划。

2019 年，也是我发起荒岛图书馆阅读共享空间项目的第 10

年，我注册了“怪书书”这个商标。因为某天灵光乍现，觉得“怪叔叔”三个字的谐音“怪书书”是一个好名字，而且能做成一个脑洞大开的书店，一查居然可以注册，就立刻申请了。

拿到商标一年之后，餐饮文旅场景品牌文和友在广州的团队找到我。本来想聊别的事情，但她们随口说想找本地书店入驻。我立刻抓住了这个想法，然后就绘声绘色地讲起脑海中设想已久的“怪书书店”——应该说是文和友的场景激发了我对书店的开发欲望，但只是一个全新的想法。

没想到文和友团队居然同意了，让我非常兴奋。从聊起怪书书店到把怪书书店开起来，我和文和友团队只用了 20 天的时间，并且只用 1 天时间就把书店场景做好，因为文和友给书店的入场装修布置的时间非常有限。幸好书店空间小，场景容易布置，我熬了一个通宵把全部图书上架并整理完成。

我给怪书书店的选书方向确定了 8 个词：神秘、悬疑、传奇、漫画、幻想、科学、新知和热点。在橱窗上贴的文案是 20 世纪 80 年代书店常见的名言——书籍是人类进步的阶梯。最神奇的是，全球诺贝尔奖获得者创新中心秘书长朱乙先生专门来看我的书店，说也许可以开一个诺贝尔奖主题的怪书书店，因为科学图书需要以更有趣的角度来销售，这个想法确实给我很大启发……虽然还没有机会落地。

怪书书店是细分主题的书店，例如上述所说的“怪科学”这个门类，越细分世界反而越大。怪书书店给我的市场启示就是，未来留给独立书店的空间，应该就是细分再细分的主题书店了。

我目前只是把书店当副业，没办法全力以赴，所以无法预估全力的结果如何，也许会好，或许更惨。有一点必须申明：我只敢开旧书店，并不敢开新书店。旧书店也会卖新书，但定位与场景是以旧书店为主的。

怪书书店面世后营造的独特怀旧氛围，至今仍让我非常满意。它在小红书获得了众多关注，成了“网红书店”。有的 90 后或 00 后的探店者描绘怪书书店的用词让我印象特别深刻，称之为“爷青回”，我觉得非常到位。因为我对他们而言，确实是个叔叔级别的人，并且我还是中年入行，虽然青年时期也经常脑洞大开。

怪书书店的业绩还不错。我为此专门请教过行家徐智明老师，根据他提供的一般书店的坪效参考数值，我发现怪书书店在正常时期的坪效做到了一般书店的 8 倍，而且在多数月份做到了图书销售的占比 60% 以上，因为店里还销售少量文创产品。当然，怪书书店的营业额与广州文和友的热度是成正比例的。后来因种种原因，包括受疫情影响及文和友的定位调整，人流量骤减，怪书书店在 2022 年 5 月正式退出了文和友。

从 2020 年 12 月开业到 2022 年 4 月，在文和友的怪书书店开业 17 个月，账面最终盈利 700 多元（未计算装修投入）。

而 2021 年 4 月在珠海旧物仓内开业的怪书书店，则一直比较稳定，并且“年代盲选书”在旧物仓怪书书店是最受欢迎的产品。虽然市面上早就有盲选书，但“年代盲选书”可以说是我的独家创意：将旧书按不同年代售卖，正是为了满足那些有选择困难症，同时又爱旧书以及互动体验的年轻顾客。有的 00 后年轻人结伴来逛，买来送给对方，现场拆盲盒；有的读者一买就是几个“年代盲选书”，回去慢慢感受惊喜；也有的读者买回去送给长辈。

2022 年春节后，在纠结于要不要关掉怪书书店的同时，我也在广州新晋“网红”街区永庆坊留意各种店面，想为怪书书店找个落脚处。我的运气不错，看中了一个地方，正好之前的商家不续租了，这就是现在的读旧书店，一个 30 平方米的一楼空间。

由于永庆坊与文和友的文化背景和消费群体完全不一样，我决定重新打造一个新的旧书店形态，这次以白色为主基调。因为

空间过于狭小，选择白色让人感觉干净简单，颇具文艺范的“白净美”的读旧书店，不再是市井化的“老破小”的怪书书店。

我希望读旧书店能够覆盖更多年龄段的顾客，包括年轻人和中年人，甚至小朋友，当然怪书书店还是以吸引年轻读者为主。店里 95% 以上都是图书，一进来就是满满的图书氛围。

读旧书店第一个月账面盈利 200 元，不含我的装修投入。第二个月盈利情况更好。我们碰到过好几单直接买几百元的书，一买就是十几本，而且有了好多回头客。不仅有来景点游玩的游客，还有街区内的许多店家和居民也来寻书，并留下书名和电话号码，让我们代为找书，这是令我最开心的事儿。如今，读旧书店可以说已经实现了盈利，是一个活下来的并且可以长期活着的旧书店。

我认为旧书店也是一门生意，不仅仅售卖图书，更是一种对过去生活的情感追忆，凝聚在旧书这个载体上，这可能是新书所不具备的。旧书店应该在老城区的新场景下，再次焕发新生。

在开业初期，我专门花时间在店里蹲点观察，经常听到进店的年轻人此起彼伏的惊讶的声音，他们看到了小时候爱看的图书，在翻书时发现没有想到却又曾经有经历的内容……在小小的书店里，诸如这样低声的惊呼是最常听到的。放在桌子上的厚厚的留言本，一个月的时间就差不多写满了。这些说明，读旧书店做对了，大家被带进了一个追忆旧时光的隧道，而一本本的旧书，一家简单、真实、单纯的旧书店，就是最好的入口。

读旧书店比怪书书店在定位上更为平和一点，我也给了读旧书店的选书方向定了 4 个词：二手图书、艺文画册、地方文献和城市记忆。

关于广州的旧书是我特别收进来的。整个书店有三分之一以上是广州及岭南的旧书和文献等。从销售的结果来看也是不错的，而且大多都是年轻人购买。曾经有顾客一买就是近 3000 元的关于广州的旧书和文献材料。这与书店所在的永庆坊有很大关系，来读旧书店的读者起码是对老广州有感情的，在逛街之余，买到与这座城市相关的带有年代感的旧书，本身就是一件美事，会很有收获感的。

我自己去外地玩，也会逛老城区，特别愿意多多了解那个城市的历史故事，买些接地气的图书。有关地方文献的旧书店，特别推荐厦门的小渔岛书店，对厦门、泉州的图书收藏真的很齐全。我希望有一天，读旧书店对广州的图书文献也能达到小渔岛书店的规模和量级。

我正在筹备写关于广州的图书，所以店里的图书也是我的资料库。或者说，正是因为我收藏了这么多的图书和资料，就顺便开了一家书店。对我而言，这两者是一体的。

恰恰因为自己开了书店，所以买起旧书来特别大方，也给我这个有“买书癖”的人带来了治愈的效果。每当我忙完工作或者心情烦躁的时候，我就喜欢跑到书店里，东摸摸西摸摸，看看书架上的书，觉得时间过得特别快。

所以，我是书业全链条深度参与的人，买书、看书、写书、编书、藏书、卖书，我都在进行时。我的朋友中开书店的优秀者好多，像先锋书店、唐宁书店、1200bookshop、野狗商店、小渔岛书店的创始人，他们的书店都是国内的经典案例，经常在朋友圈看到他们的动态。我发起的荒岛图书馆也是与旧书相关的社会创新项目，这些让我对书店业态的发展及经营有了足够的了解和信心。

读旧书店诞生的时间虽然不长，但从各方面的反应，包括顾客、媒体、朋友、店员，等等，可以判定出读旧书店一定能够好好活下去。因为我的选址是对的（永庆坊在吸引力上更具优势），我的定位是对的（旧书可以经历时间的考验），同时我也真的喜欢淘书（个人兴趣可以保持长久），因为精力有限，目前只能按副业在经营，如果以后闲下来了，投入更多的时间和精力，肯定会更好。

唯一不理想的是，书店的租金成本。因此，我对书店的终极梦想又进行了一次修改，变得更加具体——我希望有朝一日，有实力自购一间商铺开书店（一楼书店，二楼书房），这样就不用为每个月的租金发愁。而我精心创建培育起来的读旧书店品牌，也能与商铺的价值真正地融合在一起，让书文化储存在一间房子里，成为百年老店传承下去也说不定哦。

至于在广州暂停营业的怪书书店，我实在太爱这个名字和定位了。所以，2023 年 2 月，在佛山一个潮流年轻人聚集的小型综合体 A32 万科里，我用这个名字重新开了一家社区社交型书店，定位为“共享客厅、共建小店”。

这家怪书书店（年轻人社区版）会是什么样的？我想到了 4 个关键词：精神按摩、心灵远足、重建附近、交个朋友。这几年活得太辛苦了，在疫情期间，很多年轻人不但“消失了附近”，也消逝了青春，淡薄了友谊，不能远行，无法探险，怎么让紧绷的精神像紧绷的肌肉一样得到疏通按摩？怎么在附近的书店里放空自己呢？怎么和身边熟悉又陌生的邻居交个朋友呢？于是，怪书书店以此为目的，开了一家社区版的社交书店。

2023 年 4 月，我在永庆坊又策划了一家红色记忆主题的书店——红砖书局，这家店可以说是从读旧书店衍生出来的。我编著过多本红色主题图书，例如，《雷锋 1940—1962》《红军 1934—1936》《切格瓦拉语录》，等等，对红色文化有一定的了解，也收集了不少相关图书和素材，我想打造一个让年轻人喜欢的红色书店，让他们了解红色文化，爱上红色文化。

可以说，书店之于我，不只是书店，更是我的爱好。因为有了开书店的“退休策划”，所以，我现在期待多赚点钱，然后再投资到书店里。我想，用这样的逻辑和心态来做实体书店，应该会比较开心。

这就是我的书店与退休策划，请大家持续关注与交流。

（本文首发于微信公众号：北京开卷）

读旧书店

城市记忆文化站

广州

书店地址：广东省广州市荔湾区恩宁路永庆坊1期至宝大街7号

开业时间：2022年3月

书店格言：你去你的未来，我返我的过去

小红书账号：读旧书店

6 在乡村开一家独立书店如何？

东关头
草木书店主理人

都说书店是“城市之光”，其实，书店又何尝不是“乡村之光”。只是在乡村，真正意义上的书店实在太少了。乡村书店的稀缺，并不意味着市场空白，也可能意味着乡村不具备书店生存的土壤，在一定程度上确实如此。

但近些年，广袤的乡村也出现过不少书店，甚至一度成为“网红打卡点”，让人恍惚以为，在乡村开书店是一门不错的生意。

事实上，这些乡村书店要么有资本背景，要么书店本身已具备很强的品牌效应，在地方政府的合力推动下，落地成为文化地标。这些书店，远非一人之力所能及。

那么，留给个人运作的乡村独立书店，还有多大空间？我决定试一试。

缘　起

开书店绝非一时兴起，走上这条路，其实已经准备多年。虽然未从事过相关行业，也没有零售业的工作经验，但几乎从大学毕业起，就一直关注着书店这个行业。每有机会出差或旅行，逛书店总是必选项。这些年，静观一些书店渐渐落寞，令人扼腕。与此同时，又不断有新鲜面孔出现，给人惊喜。实体书店，虽几经沉浮，但始终孕育着希望。

开书店的种子，在这个过程中渐渐萌发。或许命中注定，人到中年，事业却行至穷途。与其苟延残喘，不如推倒重来，那就开书店吧！

选　址

我把目光投向了乡村。

理由很简单，首先，我出生在乡村，我是农民的儿子。对于乡村，我们这代人仍有着难以割舍的情感。乡村里有我留守的老父亲，有一众亲友，当你在城市找不到归属感时，乡村是你唯一的归宿。多么幸运，我是个有故乡的人。我决定辞职返乡开书店。

其次，在城市里开书店，意味着更高的成本。我工作辗转这么多年，并没有什么积蓄。而且，城市里不缺书店。各种品牌连锁书店、公共城市书房等，都会挤压小型独立书店的生存空间。想要开一家有足够辨识度和差异化的城市书店，没有一定的资本积累，没有足够的行业资源，显然是不太可能办到的。而乡村，或许是个扬长避短、另辟蹊径的选择。

于是，我的方向很明确：返乡，但不在家乡所在地的市区开店，而选择乡村地区。不过，并不表明我要把书店开到农村去。书店本质上还是一个店，如果没有潜在的消费人群，就只有死路一条。结合现有案例，我把目标锁定在几个有文旅要素的乡镇，至少有外部游客的流量，书店在逻辑上才能站住脚。

考察一圈下来，排除了几个尚不成熟的地点，最终在一个叫作常乐的小镇上，我看中了一处紧挨着张謇纪念馆的门面。张謇先生是清末状元、民族实业家，当年几乎以一己之力，将弹丸之地的南通建设为全国模范县。常乐镇是他出生和成长的地方，真正的状元故里，文脉深厚。张謇纪念馆时常有团队和散客参观，把书店开在此处，应该是个不错的选择。

略显遗憾的是，因张謇纪念馆周边规划调整，我看中的门面面临拆迁，在这里开书店的计划也成了泡影。正一筹莫展之际，我发现距离张謇纪念馆不远的一处工地，正在开发建设“张謇故里小镇”文旅项目，工地围挡张贴着招商海报，看上去类似仿古的商业街区。

上网搜索了一下，发现张謇故里小镇居然是江苏省的重点文旅项目，也是对张謇先生当年“村落主义”理想的致敬之作，正好对应当下的“乡村振兴”。而且，小镇一期“柳西半街”当年就会建成开放。我常年在外地工作，对家乡的动向竟然完全不知情！

开乡村书店，这里绝对是个不二之选。一个月之后，正式签

订了租赁合同，书店选址终于落定。

至此，书店的名字也顺理成章地产生——草木，取自张謇先生的名言：“天之生人也，与草木无异，若遗留一二有用事业，与草木同生，即不与草木同腐。”

一切都刚刚好。

经　营

合同签订半年后，2021 年 11 月，张謇故里 · 柳西半街建成开放，草木书店也随景区一起，正式开门迎客。

作为一个书店小白，一个生意场上的新人，我的经营方式比较粗放。书店不办会员，没有储值，没有建读者群，所有书籍都可拆封，不必消费可入座，买书直接就打折。我希望书店少些套路，当然，我也做好了交学费的准备。

草木书店享受了一波景区开业的客流红利。几乎有半个多月的时间，每天都是门庭若市的状态。不过，爆满的客流并没有带来相应的销售转化。

十里八乡的游客更愿意吃喝玩乐。至于文化消费，似乎是可有可无的东西。在乡村，独立书店终究还是个新鲜事物。在很多人眼里，草木书店是一家图书馆，或者是开在乡村的新华书店。我被问得最多的问题，竟然是"店里的书是卖的吗？"

一家乡村书店遭遇这样的尴尬，并不意外。当开业的喧嚣渐渐散去，书店逐步积累起了属于自己的目标客群。他们大多来自十几公里外的海门市区，职业集中于教师、医生、公务员等。日常的游客中，也有一定比例的转化，但这样的场景并不可控。有了这些目标人群的支持，书店的图书销售占比逐渐上升，超过了文创产品和茶饮，成为书店的主要营收来源。

随着客流的日益稳定，书店逐渐开展起各类文化活动，主办摄影书展、读书分享会，承接周边学校师生的阅读活动，等等。在这个过程中，书店积累了更多的读者和作者资源，有机会邀请部分作者来书店举办签售活动。

同时，线上的运营也在同步开展。开业之初，书店注册了公众号、视频号、小红书、B 站、抖音等平台账号。虽然仅靠一个人打理，内容产出有限，但通过这些平台，一家乡村书店能够不断发声，从而被更多的人看见。而且，个别平台的活跃度已远超我的预期。经营组合拳的作用慢慢显现，草木书店在本地的知名度日益提升，而且获得了不错的口碑。

一切都按照预定的轨道有条不紊地推进。虽然书店的选品和运营还远没有达到理想中的模样，但在一点点地进步；虽然书店还远未盈利，但在一个相对良性的通道中逐步攀升。

直至变故突然降临。

困 局

我不想拿疫情说事儿，虽然它结结实实地让书店闭店了几个月，极大地影响了经营。但这种困难并不是书店独有，所有实体经济都困在其中，书店所在的景区也不例外。

2022 年十一长假前，景区裁撤了讲解员和演艺团队，长假结束后，又解散了运营团队。紧跟着，所有自营店铺全部关闭，不少租赁店铺也闻风退租。

此时距离景区和书店开业，还不满一年。我想过很多种书店经营中可能面临的困难，但万万没想到，开发商会率先撑不住。一番变动之后，整个景区几乎成了空壳，仅剩三四家店铺还在勉力维持，草木书店是其中之一。但显而易见，景区已不具备吸引客流的能力。虽然书店仍开门营业，但几乎没有什么人进店。线下陷入停摆，我转而寻求线上。

开发盲盒产品线上售卖，参与小红书的“独立书店复兴计划”、广西师大出版社的“加油！书店”第七季活动，等等。通过书店自媒体平台不断发声，让大家知道：草木书店依然活着，并且仍在努力提供实在的服务。

但当我在书店枯坐一天而没有一个客人的时候，我开始质疑这个空间存在的意义。书店经营时间已不固定，书架上的书籍也很少更新，活动全部停滞。草木书店几乎陷入名存实亡的境地。

更糟糕的是，转过年来，尽管景区事实上已处于瘫痪状态，但景区管理方仍执意收取足额租金。这种做法的合理性显然值得商榷，我据理力争，然而沟通并没有收到成效，管理方干脆直接给我发了催款函。

我心生退意，但书店就这么死掉，我实在不甘心。

转 机

2021 年夏天的时候，家乡另一座小镇临江镇，曾向我抛来过橄榄枝，有意邀请书店进驻其辖区内的东布洲科学城。彼时柳西半街景区还在正常运转，我无暇兼顾两家店的运营。而且，草木书店尚处于草创阶段，此时扩张开分店，未免过于冒进。

虽然与临江的合作暂时搁置，但这个小镇及独特的资源禀赋，渐渐进入我的视野。我最初选址的时候，并未考虑过临江，因为对这个小镇实在缺乏了解。回顾此前半生，与临江镇没有什么交集，似乎还从未踏足过家乡的这片土地。

随着渐渐深入地了解，经过几次实地走访之后，临江彻底刷

新了我的认知。

临江原本是传统的农业乡镇，十余年前，在长江边的一片荒滩上，开始规划建设东布洲科学城，如今已有 200 多家科技创新企业在此集聚，蝶变成一座生态科技人文小镇，伴随着大量人才引进的是各种生活配套设施的完善。罗森和瑞幸相继进驻，足见消费力的支撑——与其说是品牌的下沉，倒不如说是乡村的升级。

另外，值得一提的是，此地还是著名诗人卞之琳的故乡，他的代表作《断章》脍炙人口，深入人心。卞之琳艺术馆就位于东布洲科学城内，参观团队络绎不绝。若论地方文脉，常乐和临江可谓花开两朵，各表一枝。在进入东布洲科学城的主干道上，“科学小城　江上桃源”的大幅标语非常醒目。这个世外桃源般的小城，也应是书店的理想安身之所。

我仿佛看到了光。

就在柳西半街景区陷入困境，书店前景迷离之际，临江再次发出邀约。此时的合作已是水到渠成，一拍即合。仲春时节，我和临江签署了合作协议，草木书店将在临江续命新生。

启　示

与柳西半街的纠纷仍在继续。并非是我没有契约精神，当正当权益受到侵害，我能做的就是奋力反击。

东布洲科学城内的店面，草木书店的 2.0 版本，无论在选品还是运营层面，都会有更大的提升。我期待她最终绽放的模样。

开乡村书店的这两年，可谓一波三折，又绝处逢生。个人运作的乡村独立书店，道路固然不平坦，但前景依然可期。回顾我的选址和运营经历，可以把乡村书店的运营逻辑归结为一个问题：什么样的乡村需要书店，并且具备市场承载力？

柳西半街招商规划本就有书店业态，我幸而将其拿下。东布洲科学城需要丰富园区的文化生活，才会找书店合作。没有这样的大前提，乡村书店便是无本之木。有了这些前提条件，切入的时机也非常重要。当初返乡之时，刚好赶上柳西半街对外招商，回去早了无从谈起，回去晚了轮不到我，就是这么机缘巧合。

虽然和柳西半街闹得不甚愉快，但倘若没有第一家草木书店，东布洲科学城也不会找到我。其中既有主观判断，也有时运使然。回到家乡开书店，天时、地利、人和，我都沾了边，可以说是相当幸运了。

当然，现在谈成功经验还为时尚早。草木书店刚刚熬过第一阶段而已，目前还处在青黄不接的时期，前路尚未可知。我只是将自己摸着石头过河的经历，如实讲述出来，以供大家参考。

做书店，我是认真的。与诸君共勉！

草木书店·东布洲店地址：江苏省南通市海门区临江镇洞庭湖路 99 号

开业时间：2023 年 8 月 10 日

草木书店·柳西半街店（暂时歇业，开放时间请关注书店公告）

开业时间：2021 年 11 月 15 日

书店格言：读一本便是一本

微信公众号：草木书店

小红书账号：草木书店

抖音账号：草木书店东关头

7 老胡和他的书店梦

胡本聪

局外人空间书店主理人

2021 年，局外人空间正式落地。和佛山先行书店合作创立，在佛山创意产业园内，命名为先行图书局外人空间联合书店，转眼已经两年多了。

书店名字和格言均来自一场酒局，和两个朋友讨论一晚，达成共识。

我所理解的局外人，可能是生活处于低谷郁郁不得志的人，可能是劳累加班、生活没有突破瓶颈的人，也可能是不符合主流、超脱大众世俗生活方式的人，他们追求生活的方式与循规蹈矩的生活格格不入。而我当时的状态正好符合，生活和工作都陷入了瓶颈期。而自己的追求也和社会主流的价值追求格格不入。正因为如此，局外人空间的落地，看起来那么顺其自然。

确实有段时间，我觉得自己就是个局外人。工作的节奏和规划，完全不受自己掌控，甚至一度陷入抑郁之中。那时候，在从可控到不可控的过程中，逐渐迷失了自我的意义和价值。那段时间的逆境，令我想清楚了很多，决心坚持想要追求一辈子的事情。

真正的价值观成型，来源于我的前东家 1200bookshop，24 小时营业，为一座城市点燃一盏深夜的灯，这确实不是口号，我曾经加入过，并经历过。刚入职时，有两个流浪的小孩天天混在书店，而我们要求，只要 11 点之前起来，别影响营业，在夹层可以再继续睡会儿，工作餐大家一起吃。除此之外，还有很多，如待在书店半年的拾荒大叔、流浪小哥。跨年期间的通宵运营，更是亲身体验。从第一年开始，每年元旦都会做跨年活动。除此之外，我更关注的是 0 点之后的客流。第一年，我们没有限流，人都挤爆了。在后半夜时，我们不得不做了限流，入场的人需要购买一张 10 元的代金券，全场通用。他们为什么不回家？因为没有地铁了。而不打烊的书店，就是一个很好的避风港。我们确实在做一些力所能及的事情。之后的每一年，我们都如此。不仅仅拥有社会价值，对于自身团队来说，也是很好的团建之举。

1200bookshop 发生的一切和其价值观，确实让我痴迷。我恨不得整天都在店里，做一些力所能及的事情。在我 25—30 岁的时间，完全沉浸在一个有奔头、有价值、有意义的地方，提升自己，实现自己的价值。

“重建消失的附近”，很多人会问，这个格言的意义到底是什么。附近与我而言，是指身边的人，更多地关注附近群体，老友家人。当工作很累的时候，回到自己的房间，怀念一下曾经的大学生活。当看到有关奥特曼的书籍，感慨一下小时候的美好时光。这些好像都消失了，无法再回去了，但记忆却永不消失。让我们找回曾经，找回附近，找回那好像失去了却又从未失去的一切。

希望大家不要成为自己生活中的局外人。你可以是个忧伤的年轻人，但骨子里仍然要充满热爱。你可能暂时是生活中的边缘者，但要多想想那些关心你的和需要你关心的人。你可能在事业上不太顺利，有 100 次想要辞职的冲动，但你一定要想想坚持的意义和自己的价值，让自己尽快地从失落中走出来。

每个人都有不同的职业，每个人都有自己的小确幸。但是，希望大家不要成为自己生活中的局外人。

让更多的人爱上读书，最有效的方法是创造一个更好的阅读

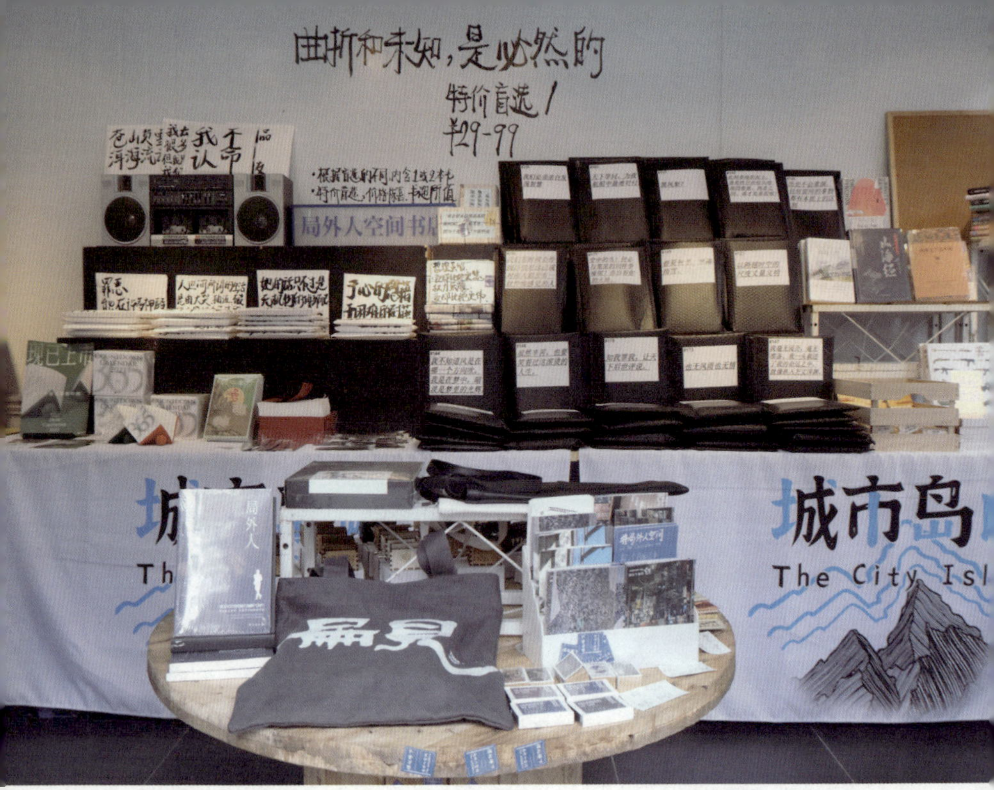

氛围，让大多数人都处在读书的环境中，而书店就是呈现这种方式最好的办法。我不排斥大家读纸质书还是电子书，我始终觉得，读书会提升整个人的状态，让大家挖掘出内心深处的正能量。当然，从经营角度，我希望大家更喜欢纸质书。

在选品上，我会提供更多的选择，比如文学、历史、社科、哲学等，并且由浅至深，70% 的书是浅阅读的书，20% 是中度阅读的书籍，需要些阅读经验，只有 10% 的书是深度阅读的书，需要有一定的阅读量和阅读能力，才有兴趣阅读。丰富的品类可以让更多的人更容易地融入书店的阅读氛围，挑选一两本书开始阅读。

更多地关注小人物和身边的人，和他们一起发声。当“重建消失的附近”植入心中，想要做的主旋律也就确定下来，只需要选好时间节点和相关人员执行及落地。

为了让更多的人参与进来，我建了一个“在佛山的我们”的群，由一群在佛山各行各业创业发展的文艺青年发起，各个书店的主理人、演艺经纪人、资深手艺人、社区营造人、金融文创人、电影影评人等一起打造。他们大多不是所谓“主流”的从业者，但这群人热爱生活，充满了激情。

我们一起参加市集，做匹配的落地活动，一起交流讨论。有的人想去旅行，我们就建议去哪里，如何玩儿，如何生活。有的人想打造空间，我们就一起想好多点子，如何包装空间，如何加入元素，如何让空间更加充满活力。总而言之，在他（她）想做的基础上赋能，不去干预他（她）的方向，只为了让他（她）做的事情更加锦上添花。

当然，他（她）也变成了书店的军师。作为一个刚刚做老板的人，一路都在踩坑。老板的思维和职业经理人的思维，还是不太一样的，我也在不断地调整自己。而有了他们以后，在完成自己理念的同时，他们也更多地帮助了我，给我指点和建议，让我更好地去面对经营的问题，甚至心灵的慰藉。

记忆展，是书店属性的一部分，希望大家可以将自己的记忆留在书店，留在局外人空间。一个顾客将她自己画的梦中的画面放在书店里，说结婚的时候再来取。也有人投来稿件，有大学毕业时的照片，有拍摄还没有被拆迁的老房子的照片，有和前男友一起写的诗……大多都是自己最难忘的经历。而这些经历，放在了局外人空间，形成了记忆展。而局外人空间，因为各种时间和空间，和这些人紧密地联系到了一起，他们都是我的新的“附近”。

书籍是治愈一切的良药，这点我深有体会。当运营工作遇到瓶颈时，去暨南大学读个书，真的能让自己不再陷入内耗，继续前进。陷入抑郁不能自拔的时候，多看一些心理类、传记类的书籍，看看别人如何走出低谷，重新找回自己。所以，我做了一个封闭式的空间，树洞可以留言，发泄负面情绪，给失落的人提供一个输出口。而用书籍来治愈，真的是一个很好的疗愈过程。

在封闭式的空间，我们用蓝色进行布局，仍然是盲选的形式，心理类、传记类，甚至经管类相关的书，用一句话简述书中的内容，而你看中的那个文案，往往就是针对你目前状态所需要的最合适的书。其实，我们每一期推荐的书，标题的文案可能都是稍微丧气的话，目的就是希望与迷失中的人产生共鸣，真正想阅读我们推荐的那些书，电子书也好，什么形式都行，如果能让人自愈，就实现了我们的价值。

在疫情期间创业，已经需要非常大的勇气。做线下实体书店，更需要天大的勇气支撑。虽然举步维艰，但我仍然想把线下的体验和品质做好，跟人接触，也可以结识更多的同频的人。我的终极目标是做品牌，品牌是价值观的体现，是展现生活方式的精准链接。希望来到我的书店的人，感受到我的价值观，会共情，会喜欢，会欣赏我的书店。

也可能和书店无关，书店只是品牌的一部分，但却有利于品牌的培养。我会举办观影会、手工课、亲子活动、咖啡品鉴会等，每个活动都会有一个单独的群讨论相关的内容，时不时共享一些有趣的有意义的信息，以及与书店相关的理念。品牌就是把自己选择的理念及价值观做到极致，如何将宏观的理念落实和执行到具体实施的每一步，却是需要摸索的。真正塑造品牌，光靠几个文案、几次演讲、几次对谈，是远远不够的。只有让它充溢在人们的生活中，每当看到它的时候，就能联想到品牌的理念和宣扬的价值观，是我一直的追求。

这个世界在慢慢变好，靠的不是什么超级英雄，而是每一个平凡的人的善良和坚持，更多的是做好举手之劳的事情。只有自身强大了，才更有能量帮助其他人从泥淖中走出来。我希望，

/我偏爱写诗的荒谬

先行
圖書
局

真的可以用一辈子去做一件事，以自己的实际行动传播一些价值的理念。

其实，我是特别幸运的，从小到大都生活在一个以我为中心的家庭，得到了长辈们满满的宠爱。长大后创业，既有父母的支持，也有爱人和孩子的鼓励，让我一直可以做自己想做的事情。我希望一直良性地走下去，不忘初心，保持热爱，奔赴山海。

最后希望，每一个人都不再成为自己生活中的局外人。

局外人空间
The outsiders

书店地址：广东省佛山市禅城区季华四路33号
佛山创意产业园10号楼108室

开业时间：2021年7月10日

书店格言：重建消失的附近

微信公众号：局外人空间

小红书账号：局外人空间 THE OUTSIDERS

8 一场以书为锚点的试验

水　渡

一書书店创始人

2021 年 5 月，我的第一家书店在天津南开大学的西校园内开业。取名一書书店，顾名思义，就是一家只卖一本书的书店。2022 年 3 月，第二家一書书店，在重庆九龙意库问世。2022 年 12 月，第三家一書书店，成都太古里……

只卖一本书的书店怎么诞生的？又是怎么生存下来，并拓展新店的？

开书店的前世

我相信很多人都拥有一个“书店梦”，在一个被实木书架和众多纸质书包围的空间里，随手拿起一本自己喜欢的书，在一个充满阳光的午后，坐在角落里，喝上一杯咖啡，细细品读书中的文字……

我也有一个这样的梦，以至于在很多年里，到各个城市出差之余，停留时间最多的地方就是书店，享受了无数个自己期待的午后时光。一切都很完美，唯一的美中不足，就是这个空间不属于我。

所以，萌生开书店的念头，不知道是一瞬间的冲动，还是经年累月后早已深入骨髓中的执念。

2020 年春节，几乎每个人都有了一个前所未有的悠长的假期。在这个假期里，我几乎将手边所有关于书店主题的书，统统读了一遍。通过这些书，领略了世界各地不同特色、不同模式的书店。也是在此期间，我在脑海中不断地思考，自己开一家书店的可行性。

因为有 10 多年其他实体的创业经验，从事过通讯、广告、物流、餐饮、社交、新媒体等行业，所以深知成本意识，对于任何一个项目来说，都是最核心的问题。而对于我想开一家书店的想法，搞清楚成本到底都有哪些，同样是我不得不面对的第一个难题。

巧合的是，第一家书店的位置，在多年以前，同样也是一家书店。这家书店闭店后，店铺被我接手至今。而我回想起那位书店老板说起闭店原因的情形，一切仍旧历历在目："房东给我们涨房租，真的干不下去了……"

2020 年年底，我从事的其他业务停掉后，原本这间前身是书店的店铺空了出来，而且数次切割转租后，面积仅剩不到 30 平方米。这间铺子做什么好，是那段时间我一直头疼的问题。店铺在我的母校的西校门内，在教学区域外，这排底商被各种餐饮小吃、超市、复印店占据，开一家餐饮店应该是首选。

可人生临近不惑之年，总觉得无法安放自己的一些东西。于是，我想用这个小铺子，开一家书店。与开一家书店的想法同步确认的是这家店的经营模式——得益于 2020 年期间，在阅读关于书店主题的书中，看到日本东京的森冈书店，这是一家一周只卖一款书的书店，于 2015 年开业，店面只有 15 平方米，却在很短的时间里蜚誉全球，并且实现盈利。因此，我几乎毫不犹豫地选择了这个模式：只卖一本书，并且一周一换。

在可预见范围里，这个模式的机遇优势与风险挑战并存。

首先，最大的优势是，目前国内现存的实体书店中，以我

一書书店
ONE BOOK ONE WEEK STORE
天津 | 南开大学店
(E 117.15732 N 39.10604)

所了解掌握的，并没有一周只卖一款书这种模式的书店。在此之前，似乎出现过其他“一本书书店”的概念店存在，但标准意义的一周一更新，且围绕每周的书做深度文章的书店，目前应当没有。

其次，越来越多的人对阅读有所需求，且需求程度不断增大。这种机遇催生了一些新媒体的“头部大V”和知识付费平台等。但这种与日俱增的“知识焦虑”和现有的解决方案相比，还是远远供不应求。所以，每周聚焦一本书，主打“精选”“个性推送”的概念内核有着很大的需求空间。

再次，也是非常重要的一点，一本书模式的书店，在初期投入的固定成本以及日常的运营成本方面非常轻松：不用担负大面积空间的房租、无须过多的人员，甚至库存陈列都可以极限压缩。当然，机遇优势还有很多，可风险挑战同样巨大。

我个人一直认为，书店行业的竞争对手并不是其他书店，相反，往往很多书店抱团联动做活动时，反而取得了很可观的效果。甚至，电商都未必是书店最大的敌人，书店最大的竞争对手是这个时代国人们普遍不爱阅读的不良习惯。在坚定了开书店的想法之后，我用了几天的时间做了第一份策划方案。

要开一家实体书店，即使成本再低，也会有风险。同时，开店初期，想让更多的人知道，在宣传上也是需要有所投入的。基于这些问题，我与周围的同学、前同事以及行业伙伴分享了这个想法，大家都非常支持。在开店初期，有这些伙伴作为共同发起人，资金成本、宣传成本也就迎刃而解了。

运营一本书模式书店

做一本书模式书店的运营难度是远远超出想象的。对于我来说，最痛苦的地方在于——每周一更。说起来轻飘飘的“每周一更”，简简单单四个字，但是背后的辛苦却是“罄竹难书”。

书店主打的概念是“一周只卖一本书”，而这个概念更像是书店与所有读者的一个约定，“一周一书”也是保持这家店最基础的吸引力所在。我们遇到很多读者，在前两周会对这个模式给予高度的肯定和评价，并且表示每周一定抽时间来看看。但是，大多数人几乎没有再来过。

每周一更，需要的不仅仅是把店内的书目简单换新，而是要考虑整个书店空间，如何围绕这本书做氛围呈现，更复杂的是，还要策划与这本书契合的活动。因此，这几乎等同于：开发新产品 + 小型策展方案 + 活动策划等的综合体，并且一周一次。难怪国内鲜有人经营这种模式，难怪即使出现过类似模式也是昙花一现。“一周一书”付出的精力与收获几乎很难成比例。运营到大概第七八周，也就是两个月左右的时间，我有了深刻的体会。

来书店的人问得最多的问题是，每周选书的标准是什么。我的回答一般是：文学、历史、艺术这些主题大类。为什么划定这个选择范围，因为这是我的个人爱好。事实上，除去选书主题外，为了更好地运营，我考虑更多的是能不能拿到折扣更低的书。虽然电商不是书店最大的敌人，但却是最现实最直接的竞争对手。“批零倒挂”是这个行业的普遍情况：书店从出版社拿到的批发价往往比电商的零售价还要高。

所以“只卖一本书的书店”“我们卖的书是精选过的”等理由，是无法支撑选品书原价出售的。因此，我们卖的书，往往最高售价也就是六折。当然，也有很多声音，包括来书店帮忙的志愿者小伙伴们说：很多人选择来咱们书店买书，其实并不太在意折扣高低。但在我个人看来，在保证书目主题的前提下，如果能为读者选到折扣更低的书，某种程度上，也是作为实体书店一种小小的责任。

在这个模式中，每周策划一书主题活动，是我对自己的另一个要求，所以邀请一些作者、译者，以及分享一些朗读、共读、座谈类活动，对于一書书店的生存发展，也尤为重要。

只是我们这个诞生在疫情期间的书店，有相当多的场次活动，因为疫情被取消、搁置或延期，有的活动甚至延期近一年，这又是一个不可抗力的困难。

靠卖书盈利的书店还存在吗？

一定还存在，虽然不是这个行业的普遍情况。

还有一个也是读者问得最多的问题：你们靠什么盈利？当我回答“当然靠卖书”时，听到这个答案的读者普遍的表情是惊讶、错愕、怀疑……因为在大多数人的认知里，只靠卖书很难赚钱。多数路人对书店行业的理解都是书+X，靠X盈利，用书做引流或者衬托背景。

据我个人看，如果要走书+X模式，不论X是什么，都要把书做得像个书样，叫书店就要真正像个书店的样子，而不是为了图省事，一股脑儿采购几批书把书架填满，而把更多的心思、精力、成本都投放在 X 上。如此，失败的概率很高，而且算不上是书店。所以，在实际运营中，即使能把书 +X 做成功的，也都是把书做得比较好，像一家书店，才有进一步的可能性。

在一書书店最初的实践中，严格控制成本是我最关注的问题。对于“盈利”，探讨这个问题时，一定要先确立一个标准，仅仅是毛利覆盖成本就算盈利，还是只要这家店能持续经营不再往里填钱，抑或是每隔一段时间，去除成本从中取出部分盈余？

而我在一書书店初期确立的标准，是毛利覆盖基本成本。从这个角度说，一書完成得还算理想。

一场以书为锚点的试验

就一書书店的经营模式，我做过很多次项目路演，有的是为新城市店的落地宣传，有的是招募一些志同道合的发起人，有的是做创业项目的分享，等等。在路演时，我为一書书店的模式总结了一句内核：“一场以书为锚点的试验。”

我是手账爱好者，喜欢玩印章。当然，印章对于大多数书店来说，都像是标配。于是，在开业的时候，我把原本计划做藏书票的图案，做成了一枚印章，由此开始，一发不可收，在玩印章的道路上，我们越走越远。

我们在已经做好的八九个印章图案中，发现一枚和当周做的书主题非常契合，也从那周开始，我们萌生了要给每周选择的书做一枚对应主题的印章。从第一家店开始运营到现在，大概有 90

ONE BOOK ONE WEEK

多枚印章陆续问世，而书店里陈列印章的位置，也成了一个不大不小的“网红打卡点”。

在以书为锚点的试验中，最重要的一环仍是选品。挑选好书，在很大程度上会影响一家书店的口碑，甚至影响一家书店的发展。当我作为一个普通读者去看一些传统经营模式的书店时，我觉得书店把握住选品书目就很好了。当我作为一个经营者，特别是经营一书模式的经营者时，仅仅把内容选好是无法满足生存要求的，毕竟一周选一本，一年下来也只能选 50 本左右。因此，为了生存，不仅需要“叫好”，还需要“叫座”，而且偶尔也需要为“叫座”让路。

特装书市场发展到今时今日，已经有逐渐泛滥的趋势，不管是出版社还是大型连锁书店，或是电商平台，都纷纷加入这个战场。仿佛一套书，只要在书口做点文章，就能解锁销量密码。事实上，这种情形在过去的某段时间里，确实如此。一書书店在选书时，很早就关注到特装书市场，也正是因为我们独特的经营模式，可以因某一本书进货百余本。

在 2021 年年底，特装书在新媒体平台上呈井喷态势吸引大波流量开始，因特装书具备收藏、限量、稀缺、绝版、精美、高颜值、工艺复杂等诸多标签属性，使得这个小众领域逐渐开始出圈。供不应求的状况使得特装书在二级转售市场上的价格水涨船高。这种情况的出现，虽然远谈不上是一个“风口”，不过确实是一个机遇。特别是对于书店经营者来说，为更多的读者推介一个小众市场领域，我相信会收获一定成效。至少一書书店的生存，甚至在疫情最严重的那段日子，两家线下门店全部停摆时，依靠

着特装书能续命。

我的另一个斜杠标签——摄影师，在书店宣传和书籍呈现方面具有不少优势。在一書书店的微信公众号的整体呈现效果上，我经常吹毛求疵，“非要自己把自己卷死”。但从试验的角度看，也是让自己不断学习走出舒适区的另一种方式。

《书店日记》这本书给我了很多启发。在开店之前，也曾信誓旦旦用手稿记录每一天的开店心得。只是用手稿记录的方式太过耗时，两年的时间，真正用手稿记录下来的内容并不算多，至少不够出一本《一書日记》的。

于是，新版本的“一書日记”，在第二家书店开业的前一天，我在小红书注册了一个单独的账号，重新再出发。实体书店需要积极拥抱新媒体公域流量，特别是像小红书这样的平台。一些在小红书持续输出内容的书店，或多或少都有了一些阶段性成果，不仅以低成本达到宣传作用，同时开辟了线上销售渠道，也以低成本撬动了带货销量。

一書书店也不例外，自第一家店开店伊始，我们就建立了多个线上账号。目前以小红书为主要阵地做线上宣传、线下引流和带货销售。目前一書书店的几个账号加在一起，虽然仅有万余粉

丝，但这些粉丝对一書书店的生存和发展起着至关重要的作用。

一書的未来

每天在小红书上更新一篇书店日记，同样是一件极其“痛苦”的事，努力坚持不断更。蓦然回首，自己都觉得有些不可思议。每天要从新媒体的角度考虑封面构图、标题、主题和话题，既不能自嗨，还要努力实现引流和带货的目标，这算是我为自己挖下的一个深坑……但回报同样也是巨大的，除去实现引流和带货的目标外，还有无数的异业合作通过“一書日记”找过来，是我始料未及的。而在众多想引入一書书店进入空间里的甲方中，我们选择了进驻成都的太古里区域。

其实，同样是一场试验，只不过试验的版本更高了。原计划这是一个只准备存在 99 天的快闪书店，可是因为疫情，在筹备期间延误的时间已经超过 99 天。而现在，一書书店第三家店，终于要起航了。

我曾经在不同的时间，反复问过自己的问题：有什么事情是从此刻开始的余生，愿意一直做下去的？如果就做关于书的事，是否愿意？当我被很多书包围时，我的答案是肯定的。

关于一本书这种书店模式能否继续走下去，还能走多远走多久，我并没有给自己太多压力和期待，将有限的精力投入“每周一更”中，反而是我更期待的理想状态。

同时更加感恩的是，在这个过程中，遇到的每一个支持一書书店的人，不论是众多的一書书店发起人，还是更广大的群体：一書书店的读者们。这些小伙伴才是我和一書书店最宝贵的财富。

期待在一書书店的未来里，可以遇见和结识更多有趣的灵魂。

一書书店
ONE BOOK ONE WEEK

天津南开大学店地址：天津市南开区南开大学西门学者公寓底商

重庆九龙意库店地址：重庆市九龙坡区科园一街九龙意库B栋底商

首店开业时间：2021年5月10日

书店格言：一周只卖一款书的书店

微信公众号：一書书店　一書重庆书店　一書成都书店

小红书账号：一書日记　水渡书世界　一書书店

抖音账号：一書书店

9 开书店，势在必行

刘 畅
雪山书集创始人

2020 年，从闭关了小半年的生活里醒来后，我终于决定：着手开一间独立小书店。在最北端的省会哈尔滨，人口流失以指数上升，实体经济比冬天的松花江还要冰冷。但我的心挺热，也没有听劝，只觉得：开书店是势在必行的事。

说起势在必行，好像不得不搜索童年记忆。童年的哈尔滨除了新华书店，还有教辅书店——汇文书店，开遍大街小巷每个有学校的地方。在放学后为数不多的可支配时间里，我都在书店里，翻看仅有的几本青春文学、语文练习册里的阅读理解题，甚至字典和读不懂的说明书。阅读欲望笼罩着我，直到不知不觉间长大，发现报刊亭和小书店不知道什么时候已经慢慢地消隐了。我也慢慢无暇光顾书店，渐渐和它失去了联络。毕业后想找回钻书店的记忆，在哈尔滨找不到了就出门去找。

书店变了，大的书店金碧辉煌别有洞天。第一次走进方所，真的有小声尖叫出来；在诚品书店足足逛了四个小时都不舍得休息，心里好像要笑出声了。小的书店自顾自独立着，就像我无数次闯入一个人的内心世界，按捺不住地热泪盈眶。

果然，书店还是最愿意收容我的地方。果然，书还是我最好的朋友，当然也是最了解的“产品”。

为 200 位地摊客人开店

我是做市场工作的，工作时间相对弹性，工作中的合作伙伴也比较多。所以在整个 2020 年，我背着一张“雪山书集”的宣传板，拉着装了 200 本书的露营车穿梭在各种商业市集里。

下班后飙车到夜市，把后备厢里的书一本本掏出来陈列，撤摊后再一本本收回。商场、露天广场、剧院、宜家卖场、小吃摊旁边，我站在5平方米的书摊中间不停地向大家推荐：雪山书集是一家独立书店，如果您感兴趣可以关注我的微信。

没错，从筹划书店的第一天，名字、LOGO、微信账号都是有“官方”形象的。这个过程就像演员为角色写人物小传一样，每天写，每天演，给地摊上遇见的人们看，记住他们的反应再斟酌修改。人需要自洽，一个小品牌在一座城市出生，也需要寻找自洽。

地摊从春天摆到了入冬的室内，雪山书集收获了200位客人。他们在书摊前撅着屁股挑书，在简陋的充电灯下翻阅，在雨天帮我收书、推车，边吃烤鱿鱼边听我说一些宏伟的疯话。最重要的是，他们掏腰包为夜市里的一家“独立书店”买单。

2021年4月，哈尔滨还在下雪，在朋友的琴行里借了一间小屋，门口立块木牌，雪山书集就算开门营业了。为200位地摊客人开店，也是书店最初的KPI。现在想来，从摆地摊到一家实体小书店，真应该为这200位客人鼓掌。他们愿意相信它、陪伴它、欣赏它、助力它，并期待它的到来，比我还疯狂。

租借的小房间在一栋百年建筑里，我们暂且称它为雪山1.0版本，穿过顶级钢琴品牌Steinway琴行，就来到30平方米的雪山书集。

哈尔滨“东方小巴黎”的名声在外，不同风格的老建筑鳞次栉比，雪山1.0版所在的这栋就是110年前的犹太中学旧址。从小生长在哈尔滨的我，在学生时代见证过每条街的报刊亭的热火朝

天，从哈尔滨走出的杂志社享誉全国，无数个课堂在悄悄读《格言》《收获》《男生女生》中混沌过去，没想到，如今想用三句话向身边的亲朋解释“我在做什么”，变得如此困难。因此，书店的微信名字后多了一个后缀，叫作“雪山书集 | 一间独立书店”。

老城早已失去了我从小以为的“书业繁荣”，报刊亭变成了早餐店，像遗址一样立在街边。百年老街上，文旅产品、城市纪念品平庸寡淡，仿佛水粉画的教堂、塑料油画框里的世界名画就能把这座异域风情的老城浓缩出来。古典音乐、俄罗斯油画、烤大列巴和苏联手风琴，越来越标签化，让城市里的火烧云、冷空气、跑冰排和“闲卖呆儿”都变得不再轻松鲜活。

所以在那段时间，我看似在最美建筑里开神秘小书店，实际却是，越身陷这百年历史老城里，越感觉到和这座城市之间深深的割裂。雪山书集急切地想要让气氛鲜活起来，想站在更远处观察城市。于是，也就催发了新店——雪山书集 2.0 版本的到来。

轻松观察城市

雪山书集 2.0 版本，也就是现在的雪山书集，一座被刷成奶白色的房子，面积增加一倍也不过 60 平方米。和 1.0 版本的雪山仅一街之隔，更搞笑的是它依旧在一座老建筑里，1900 年建成的鞑靼清真寺遗址旁。100 年前的哈尔滨，犹太中学和清真寺相邻而居，气氛融洽。清真寺遗址早已失去功用，和居民区混在一起。新的雪山书集在清真寺和居民区中间平添了宁静的烟火气。

从 2.0 版本开始，雪山书集拥有了合伙人、共创的松散团队，

艺术 Art
雪山书集
MONTAGNE
MORE BOOKS
雨天
DOU

还有更多陪伴我们养成系书店的客人，因此，更多“离谱”的计划被提上日程。四格漫画展、给小猫画插画、一起学刺绣、剧场文本写作工作坊、俄国诗歌翻译辩论……几乎每个月，书店图书上架时都要更换一次陈列方式。搞活动、拉合作、换主题，为了不让这60平方米闲下来，再也不端在“独立书店的悲怆”里。

这些活动真真切切地填满了我在书店工作的时间，对这些人和事的回味陪伴着我撑过了很多个孤身奋战的深夜。

“借书桌沙龙”是书店的常规活动，也叫作“工作日，借张书桌思考”。其实，最开始只是为了抵消工作日晚上的生意惨淡。雪山书集的阅读区是两张长餐桌拼在一起的，像个不伦不类的餐厅。因为这张长桌，看书和开会的人挤在了一起，看不同的书聊不同的天的人们产生了交集。在每周的某个工作日的晚上，人们抛开工作走进书店，谈谈赫拉巴尔，聊聊俄国诗歌，为茨维塔耶娃的翻译争论不休。

雪山书集的第一场展览，来自一个一拍即合的销售行为。插画师朋友Shaon的单幅插画在雪山书集寄售，客人很喜欢。慢慢地，Shaon开始从客人身上找到更多灵感，画起了四格小漫画。一张张积累、装订成册，就有了雪山书集的第一场展览。第一场取得好成绩后就有了继续做展的信心，可爱的小猫咪插画可以展览，游客眼中的城市照片可以展览，毕业生的故事集也可以展览。每个微不足道的不成熟的点子都因为在书店而变得恰合时宜，被小心呵护。

剧场新文本写作工作坊，是店里做过最痛快的一次活动。从开书店起，我就总想做点和读书会相左的事情。分享私人的阅读

感受，分享私人的经验体会，进而输出自己的生活情绪成了很多读书会的最终模样。而工作坊是个长线又有点压力的尝试：有明确的报名投稿要求，有为期两个月的活动排期，有具体的课程表，有每周都需要完成数量不小的阅读、资料检索和内容输出。一番折腾下来，最开始的队友走了几个，但手里的资料越积越厚，我也不知道到底能否成功，大家写出来的东西有多少能继续尝试并深化下去。我只知道，投入一段时间之后，每个人都变得神采奕奕。

what's eating you?

MOREBOOKS

想法越来越多，完成起来反而越来越轻松。因为轻松，我们竟然开始把目光收回到这座曾经链接失败的老城市，一下子有了新的感受。比如，院子里的东北大娘经常对老伴破口大骂却又很快恩爱有加，我已经迫不及待想要和她聊聊她心中的女性主义。比如，春节我们接待了很多回乡的年轻人，他们用标准的普通话和我聊起外面的世界，也诉说着看得见、摸得着的乡愁。抛开了爱家乡的情怀，这座城市在我眼前变得清晰，有迹可循，重新鲜活了起来。我更加坚定要以怎样的立场继续描绘它、接近它。

在最北方发射信号

从雪山书集 2.0 装修开始，我们把书店的生活拍成了视频，到现在也有 50 多期了。一期平均 15 分钟，对我们来说工作量确实不小。大家都说为了吸引客流似乎有点大费周章了。其实，我们更多的是想在地理位置的最北方发射信号，向纪录团队、文化组织发出信号：这里有一间独立书店，请了解我们，也许我们可以生产更多可能。

事实是用镜头记录自己的方式得到了很多美好的回应。纪录片《中国人的一天》、单向街书店文学奖、Voicer 书店清单、独立书店阅读节等，这间坐落在最北方省会的小书店确实向世界发射了一些新的信号，也被积极地回应着。

因为这些互动，我认识了全国更多的读者、编辑和出版人，这种在同一个环境里远距离凝望和共鸣的快乐，让我对开书店这件事情越发地坚定。虽然这几年，地理的阻断带来的创伤无法完全通过社交网络弥补，但“对在地性发问，向大世界延伸”依旧是雪山书集在哈尔滨生存的最大动力。

哈尔滨有最深沉的冬天，独立书店也在经历漫长的难挨的寒冬，但我仍然不认同独立书店仅仅是浪漫情怀的乌托邦或者振臂呐喊的孤勇者。书店再小也在尽力而为，为读者提供专业、标准的文化服务。小书店正因为“小”，所以可以拥有最像人的人性和性格，用人性服务读者就是小书店的特色。

雪山书集
MONTAGNE
MORE BOOKS

书店地址：黑龙江省哈尔滨市道里区通江街106号

（鞑靼清真寺遗址院内）

开业时间：2021年4月12日

书店格言：对在地性发问，向大世界发声

小红书账号：书店小刘

10

为了写毕业论文，我开了一家书店

戴　阳
野百合书店创始人

野百合书店是我 EMBA 毕业论文的一部分。我于 2016 年 6 月就读于上海交通大学安泰经济与管理学院的高级工商管理（创新创业）研究生班，即EMBA新锐班。2018年取得硕士研究生学历。在外界看来，这个是花钱就能上的总裁班，实际上，我也是经过面试、笔试，才能就读这个研究生班的。

EMBA 的毕业论文一般是研究企业的管理与发展，其他同学的论文主题大多围绕各自所在企业或行业进行研究与论证。而我的毕业论文属于 EMBA 当中的非主流，论文题目为《移动互联网时代，书店品牌定位与市场需求研究——对比京沪宁三家民营实体书店》，论文研究的是单向空间、季风书园、先锋书店三家书店的运营，兼顾讨论了诚品书店、茑屋书店、西西弗书店等其他实体书店。

我的毕业论文发了问卷，做了数据分析，提出了自己的评价模型。可惜，并没有被评为优秀论文。我反思之后，发现问题出在整篇论文都是纸上谈兵。从治学严谨的角度，没有参与实体书店实际运营，其实是没有什么发言权的。

所以，我把野百合书店当作我的 EMBA 毕业论文中的极为重要的一部分，既是补足实操部分，也是验证我对实体书店的判断和理解是否正确。

我开书店这件事，可以分成创业和阅读两条线思考。

关于创业

我本科就读于南京师范大学新闻与传播学院广播电视新闻专

业。毕业即改行，一直是一家生产销售输变电施工机具的民营小工厂的销售。

到了 30 岁，觉得自己 20 多岁过得有点颓废，想要给平淡无奇的生活增添一些色彩，想做点有益于社会的事情，所以就开始了行动。

自拍照相馆，当时这个项目在上海非常流行，纯粹感觉扬州也需要这样的潮流项目。于是加盟一个品牌，买了一堆器材，找一间房子，雇了几个员工，踩了一大堆坑。这事发生在 2014 年，那时候手机的功能更新换代很快……单反相机逐渐被取代，这个项目完全发展不下去，很快就亏本了。自救之后改成自拍证件照，略有一些起色，可惜没有化妆师，也没有修图师，只是泯然众人矣。

虽然创业一直没赚到钱，但关于创业的培训经历倒是完整了。先参加了人社局主办的免费创业培训，后来想考 MBA，阴差阳错地就读了创新创业的 EMBA。创业需要的知识储备，踩过的坑，吃过的亏，我也算齐全了。

关于阅读

关于阅读这件事，缘由有两点，一是始终觉得自己读书太少；二是开的照相馆会客厅较大，可以做一些其他项目充实进来。当时，我是《城市画报》的读者，看他们做荒岛图书馆的公益项目，想着这件事值得去做，也是一件有意义的事情，所以我申请成为荒岛图书馆的一家分馆。

荒岛图书馆的主要业务是接收大家捐赠的闲置图书，这是一

野百合书店
Wild lily Books
1106
書店
Only books
唯有
书籍
Give me pure and lasting happiness
互助计划
扬州
72小时书店
35元/99元/199元
一书换一书
旧书换
新友。

项很被动的事情。姜太公钓鱼不是我的性格，我要主动出击。在短短的四五年时间，围绕阅读这件小事，我策划了荒岛共读计划、扬州阅读榜、扬州慢读书单、恋爱图书馆、润田诗歌读本、扬州72小时书店、绘本故事会、苔计划等阅读活动。有很成功的，也有不太成功的。

这些阅读活动的开展，让我发现了扬州人爱读书。想读书的人群，在移动互联网的时代，就算是星星之火，集聚在一处也可以燃烧。

我们有了松散的组织——扬州慢读书会。没有项目资助，也没有流量明星的宣传，我们只是一点一滴地做着可以做到的阅读活动，把一些具有生命力的阅读项目坚持下去。积沙成塔，在阅读推广这件事情上，我觉得做得还不错。

目前，大环境的确对阅读不友好，但是举国上下都在倡导阅读，实体书店行业正处于转型期、探索期。我近五六年做阅读推广，对阅读有了较为深刻的认知。阅读高于书店，书店服务于阅读，这才是野百合书店的出发点。

书店之所以取名野百合，是因为有一天在开车回家的路上，电台播放了一首《野百合也有春天》。我想，我要开的这家书店既没有大的资本注入，也没有图书行业的广阔人脉，这家小小的书店就是野蛮生长的样子。野百合也有春天，野百合需要找到自己的路去开拓。

野百合书店的定位是给孩子看书的实体书店。在我的观察当中，争取儿童阅读相较其他年龄段更有市场需求。儿童阅读目前处于一个很重要的启蒙阶段，但是市场有些无序发展的状态。我认为研究儿童阅读，给孩子一定的阅读指导，是一件具有社会意义的事情。

书店不能只是书店，所以我保留了证件照的业务，提醒自己之前创业踩过的坑。在野百合书店的VIP卡上，印着“图书、讲座、阅读、文具、摄影、花艺、策展、甜品、聚会”等项目，在只有110平方米的小空间里，我希望利用多种途径获得利润，话说东方不亮西方亮，既然要探索经营路径，就要拓展更多的可能性。

一切构想都很美好。2019年9月，野百合书店正式进入装修阶段。书店设计是我多年逛书店的积累。小舞台的设计借鉴上海乐开书店，门口橱窗设计灵感来源上海BFC的现代书店。两个小隔间来自书萌创始人Sally的耳提面命，“实体书店一定要有相对私密的空间”。书架提前定制，用了两天时间组装完成。一切都非常顺遂。我早早地收拾好老照相馆的店面，准备春节之后，做完最后一波证件照的生意就搬家。

之后的情况大家都知道了。因为疫情的急速发展，装修的扫尾工作全部停滞，搬家也无法完成。照相馆从2020年1月到3月一直是停业状态，完全没有收入，房东也不减免房租，员工工资还得照发。苦苦熬到3月初，终于可以搬进新店了。

如果就是单纯开书店，我想我的努力没有太多实际意义。因为现在的图书销售领域，大的电商平台，图书折扣低、品种全、服务到家，连我自己买书都愿意网购。实体书店用情怀感天动地，一时可以，一世的话，我觉得实在有点可笑。

关于实体书店，连锁书店模式已经有好的珠玉在前，西西弗书店类似“快时尚”的经营模式，迎合了商业体对每个业态的开店要求。连锁品牌实体书店的运营模式已经非常成熟高效。

至于独立书店，以北京万圣书园为代表的实体书店已经在城市扎根，以刘苏里老师为代表的书店人就是书籍的淘金者，对书的品质把握非常精准，他们的实体书店已经成为具有学术价值的研究目标。标杆实体独立书店的销售和运营，书店前辈已经做得非常完备和到位。

我想依靠书店的实体来实现阅读的拓展，跳出书店是书籍销售场所的单一功能，用阅读的视角来思考书店的架设。所以，有了野百合图书销售 1.0 版本，100 部适合 1—9 年级孩子阅读的书籍。说它是 1.0 版本，因为这 100 部的选品不算完美。虽然我翻阅了各类型图书书单，翻遍了部编版小学语文和初中语文教材，请教了国内知名儿童阅读专家之后，精选了 100 部推荐阅读书籍。

我知道，随着对青少年阅读的了解更加深入，我一定会进行调整，精心筛选更适合扬州青少年阅读的100部图书。青少年阅读贵在精不在多，现在的孩子学习压力非常大，我不希望让阅读成为一件有负担的事情。用有限的时间阅读更有价值的书，以较短的时间培养与提高阅读能力，而这些事情需要专业的书店人去引导孩子的阅读。

野百合书店为1—9年级孩子阅读精选的100部书籍均可拆封翻阅，并将之前荒岛图书馆捐赠的图书进行筛选，品相不好、内容不适合青少年阅读的赠书全部下架，留下的都是适合青少年阅读的精品图书。我们购置了图书消毒设备，给每本书都包上书膜。野百合书店可能是极少数一进门就是图书馆的独立书店。

多年的阅读推广工作，结识的许多朋友纷纷充值成为野百合书店的会员，只需要充值100元就可以成为野百合会员。会员卡是我们自己设计的，印有会员姓名和编码的纸质书签模样。每一张会员卡，我都会配上一封手写的感谢信，用平信寄给朋友们，收信的快乐也许很多人很多年都没有感受过了。其中，一份神秘的会员卡和感谢信在海上漂流了四个半月，终于到达了美国的西海岸……

7月中旬，暑假来了。我思考在这个短暂的暑假里，野百合书店可以做些什么。“读万卷书，行万里路。”这句话很朴素，但的确很有实际意义。我从书店的实际出发，设计了野百合“书式生活”的每日内容，带领孩子们读书，分主题了解各类知识。比如，第一个主题是扬州，设计了多个有关扬州的分话题，通过扬州杖头木偶、扬州评话、扬州清曲、扬剧、鉴真、崔致远、普哈丁、马可波罗、朱自清、吴征镒、南柯一梦、饭后钟、四相簪花、黛玉葬花、浮生六记、雕版印刷、扬州漆器、扬州玉雕、扬州三把刀、扬州八怪、扬州盐商、阮元、大运河、扬州园林等内容来向孩子们介绍扬州；第二周的周日，带着孩子们漫步扬州城，实地感受在书店了解到的知识内容。

周一到周六，是野百合的书式生活；周日出行，是野百合的文化“履途”。活动第一天，15 个孩子来到书店，吵闹声此起彼伏，乐高小零件散落一地，书店的温度极速升高，空调温度降到 23 度感觉还是很热。有孩子在的野百合书店才是我想象的最佳模样。

在暑假里，野百合书店终于迎来第一次完成日销售 1000 元的目标。孩子们的暑期时间被培训班占据，每天来店的人数并不固定，当然我们的日销售额时常达不到目标。但这件事重要在于，书式生活让我对野百合书店有了信心，这条书式生活的路子值得探索。

野百合书式生活的第二个主题是高邮，第三个主题是镇江，第四个主题是南京。野百合书店每天都被孩子们给“拆”一遍又“装”一遍。

星期日的“履途”，孩子们拿着写满知识点的攻略，在盂城驿学着邮寄一张明信片给远方的朋友；在何家祠堂学习何氏家训，读书以百遍为度，务要反复熟嚼，方始味出；在甘露寺旁上演一出《刘备招亲》，我还饰演了一回乔国老……用脚步丈量的“履途”，令孩子们记忆深刻。

如今，野百合书店已经坚持三年了。这三年，也是野百合书店野蛮生长的三年。

疫情的出现，让很多事情不仅慢下来，更停了下来，甚至沉默、休眠。对于呱呱坠地的野百合来说，或许，疫情的三年给了足够多犯错的空间，给了足够长蛰伏的时间。

因为疫情，时间过得很漫长，我常常把账本拿出来盘算一番。以 2022 年整年计，“悄咪咪”地发现，截至 11 月 20 日，我已经把这一年需要的员工工资、物业费、水电费和房租都赚回来了。还有一个多月的时间，可以为自己赚点钱。

野百合书店的第三年，实话实说，肯定比第一年、第二年要好一些。在当下，“老王卖瓜”没啥用处。野百合书店一点一滴的发展和进步，其实都是关心和爱护野百合的大家默默地付出与支持。

回顾野百合书店的第三年，我觉得值得与大家分享的是那些做得不好的地方。

2022 年，野百合书店竟然换了 4 个白班的全职店员！熟悉野百合的人都知道，白班只有一个店员负责野百合所有大小事务。跑银行、税务局的是她，去政府办事的是她，交电费物业费的是她，服务接待的还是她。我们对白班店员综合要求很高，却没有能力给予更多回报。

当然，店员的更换并不全是钱的原因，每个人的生活随时发生变化，她们有更加重要的事情去做。作为野百合书店的主理人，我要想办法让店员有更大的体面，更多的回报，这才是需要我更加努力的动力。

野百合也有很多次失败，我甚至和朋友说，哪一天我要做一场阅读推广的讲座分享，题目就是“那些年，失败的阅读推广活动”，专门给大家讲一讲那些我努力之后却没有成功的阅读推广案例。没有人愿意失败，我也一样。

野百合也好，殷巷春天公益服务社也好，以及我个人，真的没有什么社会资源。每场参与活动的人员，都是那些默默帮助野百合的人，一个一个口口相传介绍来的。

有时想起来真的很心酸，特别是活动发布之后，没有太多人报名的时候。何必呢，虽然自己觉得活动棒极了，但没有那么多人感兴趣，现实就是冷冷的冰雨啊。那时候的我，经常对自己说，再努力一下。

努力，再努力一下，再挣扎一下，再拼命蹦跶一下。

有的时候，再一次的拼命努力，真的能给自己带来希望，让我积蓄足够的能量，努力挣扎。所以，2022 年，真的办成了很多事情。

比如，带着孩子们把扬州中国大运河博物馆仔细逛了一遍。因为逛的时间长，安保人员想批评就批评吧，还好戴着口罩，看不见我涨红的脸。

比如，完成了寻访运河水工遗迹的文化“履途”，这是在扬州博物馆上上下下所有人的帮助和支持下完成的。没有扬州博物馆，我怎么可能请到那么多的文博专家？

当你在努力的时候，愿意帮助你的人真的就像天使一样出现。在那个当下，你会觉得一切都是那么美好。你所收获的勇气，足以支撑你迎接下一个挑战。

回过头看看野百合的成长路径，如果没有喜欢它的人细心呵护，给予它真心帮助，它也不会长成今天这个模样。三岁的野百合也能给别人带来希望的。看到它新一年的表现，你会对四岁的它更加期待。

野百合书店
Wild lily Books

书店地址：江苏省扬州市邗江区国展路京华城 RMALL
全生活广场 C 座汇通大厦 1106

开业时间：2020 年 3 月 25 日

微信公众号：野百合书店

小红书账号：野百合书店—呆羊

11 繁华之外，必有净土

程永辉
之外书店创始人

2022 年 12 月 21 日，之外书店已经三周岁了。

三年里，有太多的实体书店倒闭，我开始还会兔死狐悲，后来就见怪不怪了。

我从小就喜欢读书。在农村长大，当时父亲是村支书，抱着我在街上走的时候就开始教我认墙上的标语。再大一点，因为村里订阅的报纸送到村支书家，没上学时就认识很多简单的字。小学一年级时，已经能磕磕巴巴读懂一些新闻和故事，这种看到字就喜欢读的习惯被我保持了下来。二年级的秋天，我背着一筐旧鞋和旧衣服与小伙伴到离家二里路的供销社卖了一角一分钱，然后在供销社内转悠。在小孩子眼里，那时的供销社相当于现在的大型购物中心，转来转去转到连环画柜台，看到一套《岳家小将》，让售货员拿出来患得患失地挑了最喜欢的《岳雷挂帅》，因为刘兰芳的评书《岳飞传》刚刚播完，对岳飞父子的故事耳熟能详。这本“小画书”一角二分钱，我兜里的钱只有刚刚卖废品的一角一分钱，咬咬牙找同行的小伙伴借了一分钱买下这本书。这是我自己买的第一本书，也是我第一次借钱。

从此，开始卖废品买书、从父亲兜里“拿”钱买书，在村里到处找大人借书。之后的很多年，每逢夏天，我家门前一棵倒在水面的老柳树上，经常坐着一个读书的小男孩，双脚泡在水里，手中拿的是《河北日报》《衡水日报》《华北民兵》《农村大世界》，还有高年级同学的课本，以及到处借来的五花八门的书。那时，农村书籍极度缺乏，只要是带字的我都看，有段时间实在没书可看，就一直翻新华字典。上初一那年秋天，第一次和小伙伴骑自行车去县城，逛了还是闭架卖书的新华书店，我未来的工作规划

之外
第十一届茅盾文学奖
获奖作品

之外畅销书排行榜

一下子从供销社连环画售货员变成了新华书店的售货员。这里的书太多了，但是不让进去随便挑选。穷，没钱买那么多想看的书啊，在书店上班就可以想读什么书就读什么书，拥有一家书店的梦想大概就是那时种下的，逛书店的习惯也是那时养成的。

2002 年春天，我的书店生涯开始，在河北衡水武强县城开了一家小小的书店——蔚蓝天空书吧，一路坎坷、艰难，但坚持了下来，第 10 年的时候才开始盈利，扩大经营。前 10 年，只能靠出去写墙体广告补贴店里。第 15 年的时候，开始有了走出去开书店的想法。蔚蓝天空书吧后来改名蔚蓝书城，我常说的一句广告语就是“繁华之外，必有净土；所有美好，如约而至”，到衡水开书店就命名为之外书店，内设的咖啡就叫如约咖啡。

回顾之外的这三年，有时感觉时间很短，好像什么都没发生，因为几乎一半的时间因为疫情不能正常经营；有时又感觉三年很长，漫长得好像自己过去几十年岁月，大部分时间都在希望、盼望、渴望着疫情快点结束。

这三年，我没有搬到衡水住，有 1000 天以上在武强、衡水来回奔波，座驾的里程一直保持飞速跳跃的数字。

2019 年 1 月 1 日，跟衡水汇中广场签了合同，规划设计了 5 个月。当年的 12 月 21 日，我走出武强县的第一家书店——之外书店汇中广场店开业了。

我对之外书店预期不高，能持平、不亏损就行。之外书店是衡水书店中的另类。这座以制造高考“神话”而闻名全国的四线小城，因为教育比较发达，书店比例远远超过其他城市，每个学校门口都有数家书店存在，并且经营得很好。

之外书店和衡水的其他书店不同，其他书店都卖教辅书，之外不卖，之外书店主打社科文学、文创和咖啡。当时行业里有人笑称“出来一个不怕死的”，都想看看之外书店不卖教辅书能撑多久。

书店虽然开得波波折折，但看到有那么多市民喜欢之外书店，之外书店也成为他们生活中的精神休憩地。为了满足更多顾客的需求，2021 年 6 月 6 日，之外书店第二家店——怡然城店开业。

怡然城店开业前，它的环境设计、商品搭配、顾客定位经过了 8 个月的精心规划，因此开业伊始，迎来了前三个月的销售小高峰。如果没有疫情，怡然城店会是一家盈利不错的店，但疫情打破了欣欣向荣的局面。

正常运营的时候，我们戴着口罩组织各种读书会、朗诵会、分享会等沙龙活动，不断在衡水制造文化圈内的话题——之外书店组织朗诵会了，之外书店请作家进店分享了，之外书店搞展览了……活动多次被省市电视台报道；不能正常运营的时候，我们在自己建立的线上文化客厅群里邀请作家、学者进群讲座，做读书分享等活动。

不管书店赚钱与否，每月 10 号给员工开工资是铁打不动的。疫情期间的员工工资，都是从武强的蔚蓝书城的盈利中挪借过来的。也正是这个一直比较稳定的大后方给我了最大的底气。

2023 年 1 月 12 日，之外书店第三家店——衡水爱琴海店开业了。开业前，正赶上疫情防控正式放开，物流、快递都不准时，直到大部分人都能正常开工了，爱琴海店才在一片忙乱之中仓促开业。开业当天凌晨一点，我们才完成全部准备工作，离场时整个商场还是一个忙碌的大工地，休息了三个多小时回来后，已经喜气洋洋地具备开业条件了。

因为疫情原因，好多员工体力没有恢复，有的还在居家，我自己也刚刚康复，但是干活时生猛得超过 20 多岁的小伙子，一个人在坑洼不平的路上拉着装 30 多件货的平板车，运到电梯口；开业前的晚上，我登在两米高的人字梯上调整射灯角度时，因为太累腿发软摔了下来，幸好先摔到平台货架上再滚到地上，当时感觉腿上一热，猜到可能流血了，但是一下也没犹豫，又爬到人字梯上继续调适灯光，回到宾馆时腿上的血已经结痂，和裤子粘在了一起……奋斗的历程总是值得回忆的，令人兴奋的。

我多年在武强蔚蓝书城经营着教辅图书，因为只做零售，被河北书店同行称为另类。但从个人兴趣来说，我更喜欢社科书。除了我自己，相信在衡水一定还有很多人也喜欢社科书，事实证明，喜欢社科书的读者比我想象得还要多。

2020年冬天的一个周末，一个学生模样的女孩和我聊了起来。她说自己是从山西太原来衡水中学复读的学生，觉得学习太苦太累了，自己好像成了学习机器，直到有次放假，她发现了之外书店，之后每次放假她都会来。她说之外书店是她在衡水遇到的最有温度的地方，在这里才感觉自己在人间。

之外书店三周年的当天，会员群里好多潜水的会员抒发感慨，

之外书店
之外书店
富
足
富
足
富
足

讲述了自己和之外书店的故事，让我很感动。有人说孩子在衡水上学三年，每次接送孩子都要住酒店，因为发现了之外书店，所以住了三年丽枫酒店（距离之外书店 50 米）；有人说每个城市都需要书店的灯光，对很多人来说这是精神世界的刚需；有人说书店和书店不一样，如果去教辅书店会有压力感，会伤害自己和孩子的感情；有人感谢我让衡水有了一家爱书人喜欢的书店，他经常在之外书店办公，坐在这里才思如泉涌，对他来说之外书店就是“宝地”。

我在店里不止一次见过一位 70 多岁的阿姨，衣着朴素，满头华发，走路的时候背部佝偻着，她来了会坐在长廊的窗前，点一杯拿铁，选一本书，看书看累的时候，就一边喝咖啡一边看着

窗外，神情恬淡、安详。

之外书店开业三年多以来，疫情也陪伴了三年。我经历过店里日营业额几万元的高峰，也经历过日营业额不足200元的低谷。

如今，一切向好，期待更多好书到店，期待我的作家朋友们策划已久的组团进店分享，期待书店人的湖城论剑，期待酝酿多时的文史沙龙……同时，也希望更多的书店坚持下去，为各地的爱书人打造精神的归宿。

之外 ZHI WAI 如约而至

汇中广场店地址：河北省衡水市红旗大街与人民路交叉口西北角汇中广场c座

怡然城店地址：河北省衡水市大庆东路369号怡然城五楼

爱琴海店地址：河北省衡水市滏阳路与育才南大街交叉口东北角爱琴海购物公园三楼

首店开业时间：2019年12月21日

书店格言：繁华之外，必有净土；所有美好，如约而至

雍和书庭
YONGHEBOOKYARD
YONGHE

12 我在地坛卖了三年书，还会继续下一个三年

张少兴
雍和书庭店长

2019 年 12 月，雍和书庭在地坛公园东侧开张了。三年时间过去，这家主打签名书的书店，不仅熬过了疫情，在小范围里竟还有了些名气。而我的名字也随着雍和书庭一起，得到了部分肯定。这些肯定给了我莫大的鼓舞，也让我坚定了自己在书店行业深耕的决心。

缘　起

写下这篇文字的今天，已经是我来北京的第 6 年了。来北京以后，我一直在书店上班。在雍和书庭开张之前，2017 年 5 月，我的老板彭明榜先生在南锣鼓巷开了一家诗歌主题书店——小众书坊。我和书店的缘分，就是从那个时候结下了。小众书坊成立时，我是最早一批员工之一。

来书店上班之前，我也干过其他工作，似乎都没有毅力坚持下去。我知道，自己喜欢书，喜欢看书。那些坐在咖啡馆里安安静静看书人的画面，在我看来特别美好。

也是机缘巧合，在我恰好比较迷茫的那段时间，彭老师的小众书坊接纳了我。在这里，彭老师给了我较大的自由空间，我得以阅读大量的书籍。这些阅读反过来哺育了我，让我大开眼界，对人生、对生活有了很多新的思考。

还记得到小众书坊的第一个月，彭老师送了我一本路遥的《人生》。书封上有这么一句文案："人生的道路虽然漫长，但紧要处常常只有几步。"现在回想起来，我选择留在北京、留在书店，或许正是我走出的紧要两步。

成　长

刚来书店上班时，还有点不适应。这个工作和此前我的经历差距比较大，充满了书卷气。那时，书店经常会有一些诗人做活动，谈诗歌、聊文学，我哪里听得懂啊！心想这样不行，自己得有所进步，于是开始给自己制定了阅读计划。

虽然看得慢，但两年时间下来，陆陆续续也看了二三十本书，大部分都是经典文学作品，例如：法国作家罗曼·罗兰的《约翰·克里斯朵夫》、英国作家艾米莉·勃朗特的《呼啸山庄》、哥伦比亚作家马尔克斯的《百年孤独》、美国作家菲茨杰拉德的《了不起的盖茨比》、俄国作家托尔斯泰的《复活》、法国作家福楼拜的《情感教育》，等等。还有一些中国文学作品，如余华的《活着》、陈忠实的《白鹿原》等。

实话实说，刚开始阅读这些著作比较难，好多都看不太懂。我甚至有点自卑，总感觉自己不是文化人，和其他同行相比差距太大。看这些书的时候，都有点偷偷摸摸的意味。但随着阅读的加深，我慢慢对书中的人物、情节有了自己的解读，越来越共情，自己也变得越来越有自信。

阅读《白鹿原》的经历让我印象尤为深刻。这本书讲述的是陕西关中地区白鹿村的故事，通过白姓和鹿姓两大家族祖孙三代的恩怨纷争，呈现了从清朝末年到 20 世纪七八十年代长达半个多世纪的历史变化。我就是陕西关中人，所以这本书的主题很自然地吸引了我。我被陈忠实老师笔下惊心动魄的故事情节所牵引，

雍和书庭
YONGHEBOOKYARD
YONGHEBOOKYARD
CHAO
— record today —

被故土曾经发生过的历史沉浮所震撼，常常看到凌晨一两点依然不忍放下，看完之后内心久久不能平静，让我感觉自己对文学的理解一下子变得豁然开朗。

通过这样的阅读积累，我在工作中也越来越游刃有余。首先，听得懂作家们对于诗歌、文学的讨论，更重要的是，也能参与讨论了。除此之外，还能够更加自信地给读者介绍文艺作品。通过和读者越来越频繁的互动，我也为书店积累了一些稳定的读者群体。

破　壳

2019 年雍和书庭开业后，我被安排到这里上班，由此开启了在地坛卖书的生涯，更准确地说，卖签名书的生涯。是的，就像每一种产品都有一个主打功能，每一本书都有一个主推卖点，我们开始给这家书店的定位——主推签名书。事实证明，对雍和书庭来说，这是一条走得通并可以走下去的生存和发展之路。

刚开业时，最大的难点在于，如何邀请尽可能多的作家来签书。说实话，我们对能邀请到哪些作家、多少作家并没有十足的把握，更多的是抱着尝试的心态。幸运的是，大部分作家非常平易近人，愿意对并不阔绰的小书店伸出友爱之手，给予一份支持。

对于来雍和书庭签书的作家，我们会在各个自媒体平台进行新书宣传，虽然影响力有限，但多年来也积累了一些忠实读者，在小范围内，还是能激起一点涟漪。

自疫情以来，由于出行大大不便，一些作家没有办法亲自到雍和书庭签书，我们便通过邮寄的方式完成。或者我直接拉着书，登门拜访各位作家，完成签书。总之，有困难就解决困难，不怕麻烦，让自己始终保持一股冲劲儿。

2022 年秋，我和爱人回湖南老家完成了筹备已久的婚礼，不承想在返京途中，受疫情影响被滞留长沙。起初，我被这突如其来的意外弄得非常烦躁，后来某天路过湖南省作协的旧址，突然灵机一动：为何不趁此机会，邀请长沙本地的作家签书呢？说干就干。

我马上开始联系自己能想到的长沙本地作家，如王跃文、阎真、沈念等老师，非常幸运地敲定了请他们签书的具体时间。同时又紧急调动出版社资源，在半天时间内完成了新书采购。几乎同一时间，我开始琢磨运营自己的微信视频号，见证签书现场，这也是开辟一个新渠道宣传作家们的新书，何乐而不为呢？

我邀请我的爱人跟我一起上门签书，并请她录制签书过程的短视频和小花絮，最后我们一起加工剪辑出来，在视频号上发布后，没想到反响还不错。之后，我把视频号的运营也提到日程上，每一期都会提前琢磨主题、如何拍摄，现正在稳步发展阶段，甚至有了转化，有不少读者通过视频号联系我购书。

一些朋友觉得不可思议，这样也能行？现在回想起来，当时的我之所以能快速地做出决定并付诸实施，其实凭的就是一股冲劲儿吧。首先目标明确，时刻不忘自己的工作使命；然后就是不拖延，及时执行。

私　心

有些朋友常常觉得我们签书的跨度很广。确实，我们由开始主要签文学作家的书，扩展到社科、历史领域；签书的对象并不局限于作家，也邀请一些译者签书，比如《百年孤独》的译者范晔老师。

签书的标准是什么呢？其实也不复杂，除了邀请一些在读者群中呼声比较高的作家签新书，剩下的就是一点点私心。在工作中，如果不能找到一点乐趣，恐怕都很难坚持的吧。对我来说，能够通过签书工作结识一些喜爱、欣赏的作家和译者，便是属于我的热情和私心所在了。

2022 年年底，我读了不少罗新老师的文章，后来顺藤摸瓜买了好几本罗新老师的新书来读，如《从上都到大都：在古道上重新发现中国》《漫长的余生：一个北魏宫女和她的时代》，彻底被罗新老师的魅力所征服。虽然是历史读物，但他的文字一点也不艰深晦涩，读起来竟然有种亲切感。不夸张地说，这个阶段的我已经俨然是罗新老师的迷弟了，逢人便推荐他的新书。有了这点私心，邀请罗新老师签书自然而然地纳入了我的计划。后来，经过朋友引荐，我成功邀请到罗新老师签书。

如今，给雍和书庭的读者朋友签过书的作家已逾百位，如杨天石、陆天明、汪兆骞、刘庆邦、李敬泽、李洱、余世存、虹影、张维迎、雷颐、杨念群、罗新、格非、沈志华、鲁敏、乔叶、陈春成……对各位给予支持的作家老师们，表示衷心的感谢！

Yong
CHAO

雍和书庭
YONGHEBOOKYARD

细　节

正是在各位作家的助力下，我们这家以签名书为主题的书店正式进入稳定发展期。对此，我们心怀感激，也和各位作家老师保持着较为密切的联系。哪位作家如果有新书即将上市，我们会积极地协助举办新书发布，帮忙联系活动嘉宾；如果有其他需要帮忙的，也会尽力提供帮助。

除了邀请作家签书，保证发货质量也是一件看似简单、实则紧要的大事。虽然我们是实体书店，但大部分订单都来自线上，这意味着及时发货并保证包装质量非常重要。我们同固定合作的快递小哥建立了深厚的友谊，每次有新的发货需求，快递小哥都能在第一时间上门取货；随着合作的深入，小哥对我们的快递包装需求也了如指掌，和我们配合默契。一年下来，我们处理的快递问题屈指可数，也在一定程度上积累了口碑。

另一个值得关注和努力的重点，是建立和读者的信任机制——比如，根据读者需求推荐图书，及时发货并保证包装质量。说到底，还是要做好读者的服务工作。有点骄傲地说，在这方面我们做得还不错。

每天都会有读者主动和我们联系要求荐书，虽然都是原价，但仍有一些读者一买就是一大箱书。他们也不问具体是哪些书，就是单纯地给予信任，允许以盲盒的形式递送——快递小哥碰到这种情况，都会忍不住惊讶地问一句："这都同一个人买的吗？"甚至还有读者要求自己承担运费。

憧　憬

虽然很多人在唱衰书店，我却觉得情势未必那么悲观。现在开始涌现越来越多小而美的书店，大家都在探索自己走得通的、能够养活自己的发展之路。只要一步一个脚印，不忘初心，保持耐心，坚持不懈，有困难解决困难，相信这个行业只会越来越好。书籍里的智慧那么广博，而对知识的渴望那么普遍，只要找到某一种书与人的联结方式，便可大有作为。

我对书店的前景保持乐观的原因还在于，我们拥有那么多热爱书籍、热爱阅读的读者。以我自己的经历来说，不知道有多少读者在背后推动着我前进，给予我极大的鼓励。有这样如师亦友的读者，从他们那里我学习了很多之前从未知晓的作家及写作风格，了解到书友圈真正关注的是什么……同他们交流，让我受益匪浅，增强了我对书店未来的信心；与他们互动，让我更加精准地定位，为读者做书籍推荐。

我庆幸选择留在了北京，更庆幸留在了书店。在这个圈子里，我结识了太多友爱的朋友，总会及时和我分享第一手信息，提供一些新鲜有趣的想法。我能一直保持这股冲劲，多亏朋友们不断地鼓励和帮助。

现在，我对自己的期望是，继续拓展阅读，不断学习和进步，提升对作品的鉴别能力，这样才能更精准地给读者朋友持续推荐好书。

雍和书庭 YONGHEBOOKYARD

书店地址：北京市东城区雍和宫壹中心d3 雍和书庭

开业时间：2019 年 12 月 19 日

书店格言：在作者与读者之间做有温度的联结

微信公众号：小众雅集

13 爱上阅读，心有归处

白生银
悦庐书店创始人

这是 2023 年春天的第一场雪。纷纷扬扬的雪花在天空轻舞飞旋，又轻轻飘落于悦庐书店的青砖灰瓦上。古香古色的书店门口挂着两盏大红灯笼，与白雪相互辉映，增添了几分独特的韵味。

古城的孩子们奔跑在悦庐小院里，追逐嬉闹，打着雪仗，扬起雪花，笑声在古城的巷间回荡，为古朴厚重的古城增添了几分轻灵、欢悦的氛围。夜色缓缓降临，在悦庐橘红色灯光的指引下，一位年轻的妈妈牵着孩子的手，伴着雪花脚步轻盈地走向书店，好似回到自己熟悉的家。

坐在二楼的窗前，我看着门口色彩缤纷的灯光造型，卡其色的“悦以心　相约于庐”七个字在米黄色为底的圆环中缓缓转动，飘飘洒洒的雪花以夜幕为背景，形成了星星点点的影子，轻轻落在圆圈中，慢慢润化，充满了灵动与诗意，引起无限遐想。自己的思绪似乎也旋转起来，与书店相关的一切在脑海中不断闪现。

小时候，家在农村，家里除了课本，没有一本课外书。上小学后，父母在城里开了一家餐厅，我转学至他们身边，终于在新华书店见到了大量的课外书籍。父母对我管教很严，除了学杂费，几乎没有零花钱，也没时间培养孩子阅读爱好。而我却对课外书籍十分痴迷，最喜欢的莫过于各种题材的小人书。每天放学后，都会去附近的新华书店翻阅喜欢的图书。当时，书店不允许长时间浏览书籍，有时阅读时间长了，害怕店员责备，就躲在书架下，或蹲或席地而坐，忘我地投入书的世界里。那时，脑海里经常闪过一个念头，长大一定要开一家自己的书店，每天想看什么书就看什么书，也让别人随意地翻阅。

幸运的是，我家餐厅附近搬来一位赵叔叔，独自一人，有点跛足，行动不便。他买了几百本小人书在街上摆摊，用长长的白线绳在两棵大树之间环绕七八道，将小人书挂在绳上，交三分钱便可看一本，看书的大多数是小孩。那时候，姐姐在餐厅帮厨，偶尔给我一份“美差”，到农贸市场购买临时缺少的蔬菜，每一次我都在欣喜中飞也似的完成姐姐交代的任务，买菜剩余的硬币姐姐一般不要，就成了我的积蓄。有了自己的“私房钱”，我也成了赵叔叔最忠实的小客户，《三国演义》《杨家将》《平原作战》等小人书深深地吸引着我，有时放学看得太投入，错过晚饭，就蹭赵叔叔的干粮接着看，直到收摊，才与他一起回家。时间长了，两人彼此熟络起来，他不好意思收钱，我就帮着摆摊、撤摊、推车回家，并且把自己攒钱买的小人书也挂在他的摊上，顶替看书钱。赵叔叔有时生意好了，还会给我一些钱，我立刻买成书。随着时间的推移，我的藏书也渐渐多了起来。不幸的是，赵叔叔在一天夜里突发急病去世了，我伤心难过了许久。他的离世，让我觉得好像少了一位至亲，很长一段时间我都没有看小人书，害怕睹物思人。

上中学后，家里的境况越来越好，父母经常给我一些零花钱，我大多用来买书，手头的藏书日益丰富，种类更加齐全。时至今日，我最不愿舍弃的还是陕西旅游出版社 1992 年出版的《散文诗精品》，那是我当时见过封面设计最精美的一本书，放在今日也新颖别致，过目难忘。其中收录的巴金、徐志摩、戴望舒等名家诗作，我已烂熟于胸，如今这本书依然珍藏在我的书柜里。

成家后，从事的工作与文字写作密切相关，需要大量阅读，不断学习充实自己，看书、买书、藏书一直坚持不断。先后在多地辗转工作，每次搬家几箱书一直随身携带，不离不弃，它们似乎成为我生命中的一部分，无可替代。

20 多年的四处奔波，一种难以言说的流离感始终侵扰着我，不知何时、何地能够彻底安定下来，心有所依。年少时的许多梦想也被现实淡化，在时光的流逝中慢慢消亡，而开书店的想法不但没有消失，反而在心中逐渐形成一种执念。闲暇时、阅读中，有时甚至在微醉的蒙眬状态，脑海里不时出现这样一种场景：每天在晨光的照耀下，打开书店的门，看着成千上万册的书籍陈列在一排排的书架上，与喜爱的花草相伴，自己置身其间，手捧书籍，或陷入沉思，或会心微笑，身心无比地放松……

2019 年年初，进入不惑之年的我，开书店的执念愈加强烈，有时梦中呓语时也念叨着书店。在无数个日夜的反复思量后，舍弃了高薪工作，倾尽积蓄，踏上了开办独立书店的梦想之路。酷热的暑季，奔走于文创书店发展较好的北京、上海、成都等地，在各地知名文旅地区走街串巷考察，品味当地的文化理念、装修布局、产品风格，又在北京参与了 20 多天的室内设计培训班。归来后，亲自策划文案、设计构图，初稿形成后，多方面聆听设计、装修行业朋友的意见，反反复复磋商修改。经过了 10 多个日日夜夜，最终确定了设计方案。

为了节约成本，把好每个造型和细节的施工质量，亲自带着工人装修，人手紧张时直接参与抛墙砖、和水泥等体力活，每天早出晚归，衣服、头发上经常落满灰尘……历时三个月，悦庐书店如新生的婴儿，诞生于凤城银川的西夏古城。书店的风格将西夏的文化特色融入传统建筑，将古典与时尚相结合，力求让每位爱书人在古香古色、幽静雅致的环境中博览群书、静享时光。同时，也把“将来可能是宁夏本土最美书店”的梦想种子埋了下来。

书店开业之初，精致独特的装修风格，反复甄选的精品书籍，还有一些新颖别致的文创产品，再加上代理了一款家乡比较有名的八宝茶，书店的人气不断地增加，由起初三三两两的人因好奇而探店，到后来周边人群络绎不绝地进店购书。尤其在晚间，来西夏古城美食街吃饭的游客，从门口路过时，都会驻足进来转一转，有的随意翻书看一会儿，有的顺手买些书籍和文创。

许多老朋友也用各自的方式，默默地关注和支持着书店，持续地加油助力。附近社区的一些爱书之人，把对本土独立书店的喜爱化为行动，慢慢成为书店的铁杆粉丝，遇到各类推广宣传及读书分享活动，他们挤出时间参与，以增添书店的人气，当店员忙不过来时，还主动为初次进店的顾客介绍书籍，不时在朋友圈发一些书店的美照和软文，做着免费的宣传。

其中，在书店发生的一些小故事深深触动着我的心弦，激励着我在法定节假日也坚持亮起黄昏中的一盏灯。

一位在教师岗位上退休的阿姨，家住在书店旁边，一有闲暇时间就会到书店坐一会儿。闲聊中，得知她的爱人因病去世，女儿大学毕业后在国外工作，阿姨独居在家时常感觉孤单。她说自从书店开张，每天晨练后都会来书店坐坐，感觉有了书的陪伴，时光变得不再漫长，生活变得充实而有意义。有时，中午带一些

悦物
用心傾聽精品物語

悦廬書店
拉

面点和水果，点一杯八宝茶，一整天坐在店里看书、品茗，异国他乡的女儿有空时就陪她微信聊天，她感觉在书店里始终有人陪伴。

有一段时间，我萌生了一个念头，想把书店营业时间改为 24 小时不打烊，缘于一位来银川创业的女大学生。她每天很晚才来，书店关门时才恋恋不舍地离开。她说住在集体公寓，舍友喜好各不相同，有时声音太嘈杂，感觉没有自己的独立空间，非常不舒服。她喜欢待在书店，在一个角落里安安静静地阅读，每本书仿佛都是一个世界，自己可以随时走进喜欢的书中去，与之相融，寻求心灵的归宿。她告诉我，希望书店关门再晚一些。在征求亲友和店员的意见后，大家认为书店所处地域，通宵营业的人工成本负担太重，这个想法只好暂时搁置了。

书店开业三个月，客流不断地增加，会员人数缓缓地上升，一些单位的批量订单也接踵而来，一切都在向着预想的方向发展，悦庐每个员工都信心大增。

然而，天有不测风云，世界充满变数，有些事情的来临完全出乎预料。2020 年年初，一场突如其来的疫情席卷全球，外界形势时好时坏，书店反复地关门停业。每次重新开业后，还要花费大量的人力、精力、物力、财力蓄势宣传，人气刚刚有所提升时，读书活动准备营销时又被叫停，书店陷入了两难境地，营业收入断崖式地下跌。员工们轮流居家休息，工资也随之下降，心境渐渐变得很不稳定，很多人离职了。有时在书店关门时，我一个人住在书店，经常孤魂似的在楼上楼下游荡，在一架架的书籍前徘徊，触摸着一册册书籍，感觉茫然而无助，一度对曾经勾画的美好前景能否实现产生了深深的怀疑。

一位房地产行业的朋友建议，可以将书店改为茶楼，经常在一起喝茶、打牌的人都相互熟悉，不会太顾忌传播的风险，这样可以每天有进账，维持基本运营。他还承诺自己可以常年包租一个雅间，费用相当于书店三分之一的房租。我苦笑着谢绝了朋友的好意。如果仅仅为了挣钱，我不会将所有的积蓄、太多的期望投入这个情怀多而利润少的行业，我接受不了书香弥漫的书店变为一个充满商业和博弈气息的茶楼。

在彷徨了一段时间后，我又沉浸于书的世界，在深入阅读了纳西姆·尼古拉斯·塔勒布的《反脆弱》、万维钢的《你有你的计划，世界另有计划》后，深刻认识到理想与现实的差距客观存在，偶发的事情永远不可避免，我们要用勇气和智慧，接受它，认清它，改变它。

随后的一段时间里，能够短暂开业时，我想方设法利用微信公众号、短视频、微信群进行宣传，借助各种手段加大营销力度。对于一些老客户，直接成本价出售大部分书籍，有效盘活库存，加快资金流动，提振店员信心。店员们也被我的执着所感染，有的在顾客微信购书后主动用私家车送货上门，有的直接利用下班时间到人流较多的地方摆摊叫卖。

当古城人流稀少时，店员可以自行打理，不需要我驻店管理时，我就拿起相机，用心拍摄和记录家乡的山水和人文之美，精心加工后的照片装饰在书店的角角落落，增添了许多文艺气息。

我喜欢拍银川的黄河日出，冉冉升起的旭日照在奔腾不息的黄河上，构成一幅延绵绝美的画卷；喜欢拍沙湖的落日，夕阳的余晖洒在金黄的沙滩上，圆月在随风摇曳的秋芦中忽隐忽现，犹如梦境一般；喜欢拍阴雨天的西夏王陵，在苍茫的天空下更加粗犷，似乎诉说着那段沧桑的历史；喜欢在因《红高粱》《大话西游》而闻名遐迩的镇北堡影视城里漫步，了解和体味影视城创建人、著名作家张贤亮年轻时经历的挫折和苦难，感受他千帆历尽、最终走出困境时的心态和厚重的人文情怀。

在与疫情博弈的日子里，悦庐遇到了一些特殊的客人，让我更加明白书店存在的意义，它不仅是一个可以看书、交流的地方，还可以点亮对书有特殊情感的人心中的灯塔，引导他们走出迷茫和困境，汲取更大的能量去追光逐梦。

书店有一位会员是警察，经常加班无法回家。有一段时间，每逢节假日，这位警察会员要在高速公路口执勤，孩子无人照看。她只好把孩子放在书店，请求店员代为照顾，晚上下班后再接走。当她转身离去时，孩子眼含泪花，对妈妈依依不舍，但在店员的精心照顾和耐心引导下，孩子慢慢进入绘本里的童话世界，此情此景让我感觉到一种责任和担当。

一位蔬果超市的配送员，由于小区封闭，每天下晚班无法回家，总在书店的角落里安静地看书，直到书店打烊才回临时租住的公寓。他说由于工作性质特殊，经常与传染风险较大的人员接触，心中总有些焦虑。在书店里，看看自己喜欢的书，感觉能减轻许多纷扰，身心变得轻松起来。

三年疫情，让我们的身体、生活、工作和思想接受了前所未有的挑战，我们无法躲避，只能勇敢面对。每个人接触了许多，感悟了许多，也认清了许多，这种磨砺让我们变得更加沉稳，更懂得如何取舍和生活。今后还会经历什么，我们不能预知，能做到的就是把自己变得阳光起来，把心安放下来，而阅读无疑是最好的方式之一。

在这三年之中，外界环境的变化潜移默化地影响着书店的经营理念。开店初始，只是想把悦庐书店打造成为一个环境优美、文化气息浓郁的阅读场所，以精品书籍和精致茶饮吸引客流，短时期内产生了一定的效益。随后，几家全国连锁书店纷纷进驻银川，他们以庞大的资金投入、完善的经销体系、成熟的文化模式，让势单力薄的本土书店原有优势不再显现。与此同时，几家知名网站也频繁打折促销。这些现实情况让我不得不重新思考独立书店的生存和发展之路。

我开始逐个走访一些本土书店、全国连锁书店和经营不错的校园书店，细心观察往来客流，在脑海中勾勒、思量着店主的经营之道。闲暇时，把《岛上书店》《阅读史》《营销管理》等数年前读过的书籍又重温了一遍，从中寻找思路和启发，让情怀和理性更好地相融。

渐渐地，一度停滞又有些彷徨的思维变得活跃、清晰起来，内心深处好像抓住了许多忽隐忽现的东西。对以前一些难以认清的现象，诸如为什么一些老牌知名书店在关闭、低折扣的书店越来越多、网络销售为什么占据主流，有了更加深刻、系统的认知。这一切都是时代发展和市场需求导致，绝大多数顾客想以最低的价格、最高的效率，买到自己心仪的书籍。而独立书店的成本大于普通书店，折扣高于网店，如果没有自己不易复制的核心竞争优势，那么最终依然无法生存。

一番磨砺、沉淀、思考之后，悦庐书店把“让人爱上阅读、让心有所归处”作为书店的核心价值来体现和维护。让顾客不仅在书店里能够看到中意的书籍，还能找到爱上阅读的方式，成为自己精神的驿站，真正满足内心所需。

书店地址：宁夏回族自治区银川市西夏区西夏古城 109 号

开业时间：2019 年 9 月 18 日

书店格言：悦以心　相约于庐

微信公众号：西夏悦庐

抖音账号：西夏悦庐

14 一见如故，再见倾心

杨俭秋
一见图书馆创始人

我是一名理科生，连续创业者，坚持大量阅读很多年，一直文史书居多，近年开始涉足哲学和艺术方面的书籍。毕业后混迹金融圈，银行、证券、基金公司都待过，既没有占到牛市的便宜，也没有攀到多高的职位。一见图书馆是我的第三个创业项目。之所以想做这样一个图书馆项目，是为了不惑于自身，不惑于生命。一见图书馆开业之日，距离我 40 岁生日只差一个月。

阅读陪伴我经历了很多疑惑与磨难，也带给了我很多的快乐，书籍改变了我很多。想把这份快乐和改变带给更多的人，想唤起更多的人文精神与人文关怀。带着这样的理想，我开始构思围绕阅读的再次创业。因为已经不是第一次创业，所以从一开始就会比较关注怎么赚钱，怎么商业化。

花了一年多的时间，留意、观察各种关于书的业态。从书店连锁的、独立的、网红的，到图书馆市立的、社区的、儿童的，从国内到日本、美国、英国，一大圈兜转下来，我并没有发现清晰的盈利模式，但收获了不赚钱的公开秘密。那就是卖书不赚钱，卖咖啡养不活，卖文创卖不动。是不是要放弃这条赛道呢？创业精神和骨子里的文艺又起了决定性作用。

经过前期的筹备、团队的组建，2019 年 7 月，一见图书馆第一家馆在上海南昌路开业。一见源自“一见如故”，这是一见与消费者之间的纽带。一见图书馆是一家社区图书馆，选址定位于社区，目标客户是社区居民，尤其是社区里的家庭。为社区家庭提供丰富多元的文化体验，是一见图书馆的价值和主张。

对于社区，一见图书馆是以文化为载体的家庭成长空间。对于主理人，一见是孵化和协同社区文化的消费平台。一见是一本本书，书非借不能读也；一见是一个个人，在这里收获成长；一见最终是一个持续生长的社区图书馆。

为什么最终呈现出来的一见图书馆是这样的？长久以来，社区文化中心是全国每一个街镇的标准配置和基础设施。但是，其中绝大多数长期处于缺乏活力，甚至缺乏认知的状况，背后的原因固然是运营的缺失，因为绝大多数社区文化中心没有专职、专业运营团队。社区文化中心主要提供公共便民服务，本身不具备商业造血诉求和能力，也就无法激活人才以及主动运营行为，自然而然就逐渐沦为空间，只剩空间了。

然而，大众和社区的文化需求，尤其是自我成长的需求，也是刚需。大到民族国家，小到社区家庭，我们的物质文明已经发展到温饱以至小康的水平。但是精神文明，我们还有一段距离，至少是不均衡发展的。社区是一个国家的毛细血管，家庭是一个社区的最小单元。文化滋养、人文教育应该从家庭着手，活力激发需要进行商业思考，引入商业团队。一见图书馆以商业公司为运营主体，以社区家庭为服务对象，以文化内容为商品，是解决社区文化中心缺乏活力为社会痛点和难题的有效方案。

我经常被问及这样的问题："一见图书馆是一项公益事业，是一家商业公司，还是一个社会企业？"我的回答是："一见图书馆是一家积极承担社会责任的商业公司。"

所以，一见图书馆是一家商业公司，它需要考虑收入和利润，需要考虑现金流，需要努力保障每位同事按时收到薪酬。它遵循生存法则，一直在突破和生长。它也需要考虑发展，考虑融资，让自己的经营更健康、更持续。

一见图书馆的初心、理念和价值观，以及收获的认可和支持，都来自其所肩负的社会公共教育责任，也很好地诠释了“所有的梦想都是有价格的”。围绕文化创业尤其如此，梦想可能只需要付出个人的时间，也可能需要成千上万人的参与，可能只需要投入自有的一间铺子，也可能动用他人的资产。这也是为什么一见一以贯之的探索：始于情怀，终于商业。这有什么羞愧的吗？

一见图书馆首店位于南昌路205弄3号，一栋百年的上海新里洋房，在繁华的淮海路后街，遮掩在一大片梧桐树叶下，一共五层楼，有洒满阳光的花园，也有能摘梧桐叶的露台。它是《十三邀》录制的地方，也是《爱情神话》的取景地。它是上海青年最喜欢的图书馆之一，大家喜欢叫它“网白图书馆”，因为它纯白的富有设计感的门头。

讲一讲这个让人一见倾心、一见如故的图书馆的选址故事。在一个阴天的下午，三个合伙人邵斌、晓明和我刚从一家咖啡店走出来。这是中介推荐给我们的一个店铺，但我们都不满意这个选址。趁时间还早，我们打算沿街走到下一个地铁站。一路上，我们看见几个出租的店铺，试着拨打贴在玻璃上的号码，通话往往在报价后匆匆中止。继续走了百十多米，我们站到了南昌路205弄3号门口，和之前的几个店面一样，玻璃上也有“出租”字样。不一样的地方在于电话号码不是留在正面，而是背面，我们进去逛了一圈之后才发现了房东的电话。整栋房子是破旧的，二楼以上空了很久的样子，破损的墙壁和地板，发黄的旧物和满目的蛛网。房租是高昂的，即使单价比之前那几家便宜不少，但整体价格还是我们预算的两倍。然而，它深深地吸引了我们，打开了我们的想象空间。

在一番心里斗争和讨价还价之后，我们还是租下了这栋房子，作为一见图书馆亮相的首秀。在装修接近尾声的一个上午，一位老人走进来询问在馆里整理新书的晓明：“这里打算做什么啊？”“图书馆。”老人家有点激动，轻声地嘟哝着“很好，很好”便走了，最后说等我们开业再来。

我们也没有放在心上，但在开业后的一天，这位老先生真的来了，和我们攀谈了好久。原来他是这栋房子的故人，当他还是小学生的时候，大概是20世纪50年代，他在这里，也是他外公的家里读书、下棋。老先生的外公是清末的秀才，民国期间官至教育厅，有很多很多的藏书，书架和我们现在的一模一样，连摆放位置也一样。百年间，房子几经易手，早就和老先生没有了关系。老先生也是文艺工作者，早年间著书记叙了这栋房子发生的种种故事，给他留下印象最深的无疑是外公如山一般的藏书。兜兜转转，竟然在我们几个年轻人手里又回到了放满图书的场所，他怎么不感慨，我们又怎么不激动？所谓使命召唤，不过如此吧。

在一见图书馆开业100天之际，老先生邀请了他侨居国外的兄弟姐妹，和我们一起庆祝，给我们带来了老房子里的种种趣事。一栋跨越百年的藏书楼，几代人的传承，真是无巧不成书啊！

常在南昌路附近游逛的朋友想必见过这样一位老者，蓬头垢面、步履缓慢，但神志清醒、谈吐清晰，老先生姓陈，也是图书馆的常客，整条街上的商户平时都会照顾这位老先生。起初，我们的店员

觉得有些奇怪，总有一位打扮得像流浪汉一样的老者在图书馆门口驻足，透过窗户往里面看。有一天，下着很大的雨，老先生穿着紫色的雨衣又来到图书馆门口。这次我们把他请了进来，他有点犹豫，想必担心自己身上的雨水。我们几经邀请，他才走进图书馆，脱下雨衣，在书架前一格一格地仔细观看。我们给他倒了一杯热牛奶，便没有过多打扰他。老先生就这样缓缓地看了足足半个多小时，取下一本阿城的《棋王》，拿出老花镜，开始看了起来。大概又过了一个多小时，他把书放回了书架，和我们颤颤巍巍地道了谢，拿起雨衣走了。之后，老先生经常会来图书馆，有的时候看看报纸，有的时候选一本书看看，有的时候干脆坐

一会儿打打瞌睡，每次来我们都会给他倒一杯热水或者牛奶。

图书馆应该具备这样的社会责任，图书馆不仅仅属于一部分人，而是整个社区、所有社区居民的图书馆，是他们的生活避难所、文化栖息地。

杨老师是图书馆最早的会员之一，去过南昌路馆的朋友想必留意过，二楼一整排书架放置了很多珍藏版的历史书籍，其中不乏线装书和一些装帧极其精美的精装书，内容以历史为主，这些书的主人便是杨老师。杨老师已经退休，差不多每天都会来图书馆坐一坐，要一杯热拿铁加两包糖，然后选择同一个位置——二楼的沙发坐下，想必每天中午在图书馆安静地坐一会儿，是他每天很享受的事情之一。杨老师经常大包小包地给图书馆捐赠一些书，起初是两三本，到后来就是十几二十本地带过来，慢慢地他的会员书格已经无法装下这么多书，于是我们专门开辟了一整个区域的书架，用于收藏杨老师捐赠的书籍。直到现在，杨老师也和我们保持着非常密切的联系，还经常到图书馆参加各种活动。能够让社区居民珍爱的书籍有安身之处，能够成为社区居民喜欢的精神寄托地，这便值得。

我相信不管是开书店或者图书馆，书籍都是一种很好的媒介。因书结缘的人，往往聊得比较投机，也印证了我们的一见如故，不失为生活增添了很多乐趣。一见图书馆的待客之道是“你来，就是我们！”我们这一路的开放和坚守，为我们从几千名会员中带来了忠实的消费者、合作伙伴，还有同事和投资者。

如果让我总结这三年多来最大的收获，那肯定是这一大群同行者。因为这些人，生活更丰富了，也带来了更多可能。

一见图书馆自 2019 年下半年开业以来，完整地经历了三年疫情。尤其是 2022 年，一见图书馆无疑给我和合伙人们增加了很多负担。一见始终是一家小微企业，需要支付房租和人工工资。它需要到店的消费者，它需要开门营业，这就是现实给到梦想的代价。尤其在这个看似努力还是得不到回报的特殊时期，每一个小伙伴的生活都受到了不同程度的冲击。我们减过员，不得不和他们说山高水远；我们减过薪，却没必要使用“共克时艰”这样的词语。

更多的相遇和离别，和平常的生活区别不大。看着满屋的书，

MY LIFE
WITH BOB
至少
还有书
PAMELA
PAUL

尤其是那些还没来得及被翻阅的书，就像是未完成的使命，更加坚定，也更加淡定，想必这就是我开图书馆后最大的改变吧。

YIJIAN

碧云馆地址：上海市浦东新区碧云路 633 号 1D2

保利滨江馆地址：上海市徐汇区瑞平路 230 号保利时光里购物中心 B1

瑞虹馆地址：上海市虹口区瑞虹路 188 号月亮湾 2 楼 207

首店开业时间：2019 年 7 月 11 日

书店格言：一见传递人文精神

小红书账号：一见图书馆

15 让书店与城市系上一个打不开的结

小 潘
门洞里书店主理人

回乡开书店的想法已是很多年之前的事情了。对于书的钟爱，对于阅读的偏执，让开书店变成了一场终将照进现实的梦。现在回头看，那时开书店这种事情，对于没有任何相关工作经验的我来说，真的很难。冲动与理性并行，冲动之下我辞去了稳定的工作，而理性告诉我一点儿都不可惜，原有的工作真的提不起兴趣，乏味至极。

我选择了先开一家提供图书免费借阅的咖啡馆，一是咖啡馆的门槛要比书店低一些，另外可以借此积攒经验与未来书店的目标人群。用经营咖啡馆的四年，给自己预留充足时间去做关于书店的筹备，梳理书目，逛了很多书店，请教其他书店主理人获取开书店的经验。就这样咖啡馆开了四年，而我的心中对于开书店的想法变得更加迫切。

每天一有时间就在城市里面到处走、到处转，寻找合适的门面。虽说适合开书店的门面很多，但能满足我所有要求的门面就凤毛麟角了。首先，要闹中取静，交通便利，面积不能太大也不能过小，最好控制在100平方米以下，面积过大人工等成本太高，面积过小图书展示会变得拥挤。因图书占据大部分预算，所以租金还不能太高。最后就是我个人的偏执，我希望把书店开在城市的传统生活区域。就这样带着苛刻的要求，寻找了半年，直到有一天在咖啡馆附近看到位于二楼的一间铺面贴着出租字样，满足我所有要求的地方就这样突然出现了，第二天便敲定了下来!

开书店之前想了好多名字，在确定选址后这些名字都被丢进了废纸桶。由于书店选在了不起眼的二楼，进入书店要经过两个“门洞”，久而久之“门洞里”便成了那段时间频繁出现的词汇，索性来得早不如来得巧，门洞里书店就这样确定了它的中文名字。

后来偶然发现门洞里与英文单词 Mentally 发音非常相似，而且在含义上与书店的意义也高度契合，MentallyBooks+ 应运而生。

很多熟悉的朋友都说，书店开在二楼有很大风险，尤其是在书店难行的当下，但我感觉还好，毕竟书店也没有成为一个足够大众化的事物，我想只要我的书店经营时间能够长久一些，那些读者或早或晚一定会找上门来的。

结果还没等读者找上门来，好多人夜晚路过看到二楼有家亮着温暖灯光的小店，便好奇地寻上来一探究竟，再加之原来咖啡馆积攒下来的读者，门洞里书店渐渐地被小城里的读书人所熟知，同时也渐渐地被小城里不读书的人所熟知。

门洞里书店是在没有任何宣传的情况下悄悄开门营业的，它是这座城市第一家人文社科（艺史哲）类的独立书店，把这座城市称为文化荒漠的人都不看好门洞里书店的前景，但这不重要，时间是最好的答案。

门洞里书店身处东北的小山城本溪，就是前面提到的那些人口中的文化荒漠，在开书店之前我也认同这种说法。在市区的公园里时常遇见人们谈及曾经的辉煌：曾经的直辖市、工业资源城市、支援三线建设、中国土地上第一座现代化冶炼高炉，等等。在老人们慷慨激昂的陈词之后，总会有片刻的寂静，无声地道出落寞与辛酸，那些曾经的辉煌终成过往。向前看山城路漫漫，向后看统统被卷进了历史的尘烟。传统工业衰退后，人口迅速流失，冒着泡沫的啤酒瓶与烟熏火燎的烤串，重构了自 20 世纪 80 年代末至今的小城的精神属性。

外乡人打卡小城，称这是向往的市井生活；本地人看惯这种

自由的智识生活
んなこと
でっきんぎょ!

场景，失去了往日的骄傲与自豪。门洞里书店看似与这个小城属性格格不入，但又神奇地被接纳、被需要，成为小城的一部分。

当我打开小红书的时候，惊喜地看到有小伙伴把门洞里书店与小城的山水、路边摊的喧闹并列放在一起，称之为小城的打卡攻略，还有很多点赞与收藏，门洞里书店就是这么出乎意料地参与了小城新一轮精神属性的建构。与那些一二线城市相比，小城市对于书店的需求更迫切。虽说网络时代买书不再是一件难事，但因书店这个城市公共空间的缺失造成的心理落差，那种滋味小城里面的很多人都体验过。我最初回乡开书店的想法也由此而生，毕竟那种滋味真的不好受。

开书店是一个有趣的过程，也是不小的挑战。为了节约预算，把更多的资金用在书籍选品上，索性在装修方面能自己动手的坚决不请他人。那段时间，我白天装修，晚上选书，用热情与冲动抵消疲惫，一路跌跌撞撞，持续到书店开门营业。

因为早有开书店的想法，所以准备更充分一些。大概两三年前就开始联系出版社与经销商着手选书，有趣的是等到开门营业的时候，一些书因为没有再版而成为绝版书，这些书成了书店营业初期的售卖热点，这是我万万没想到的。尽管提早做了充足准备，但当书店开业后，还是发现很多地方细节不够完善，这些不完善只能依靠时间来慢慢弥补。

虽说现在书店的经营状况要超过我的预期，但在书店经营的前两年里，图书售卖的状况远远没达到开店之前的预想，仅凭着之前咖啡馆的经验在书店里售卖咖啡饮品，帮助书店撑过了最难熬的阶段。我经常看到网上有人描绘纯粹书店的理想样貌，但就门洞里前两年的经营状况，活下去才是最重要的。理想固然可贵，但如果半路夭折，理想也就随之而去了。

两年的煎熬是咬着牙硬挺过来的，门洞里的图书售卖终于成为书店的主角，我心中才有了门洞里真正是一家书店的底气。之前被一些顾客标记为咖啡馆的时候，真的无力反驳，不过好在都过去了，现在小城里的人都知道门洞里是一家注重选品的小型独立书店。如果有恰好身处开店初期艰难时刻的书店人看到这篇文章，我想说千万坚守住，坚持优质选品。

这几年，书店里有过很多开心的时刻，当然不开心的时候也有，二者相伴相随且不能相互抵消。每当看到读者在店里徘徊，花大量的时间去挑选书籍，一会儿登梯子看看最高的那层，一会儿躬下身看看最底层的时候，都是我最开心的时刻，内心被一份来自他人的认可而产生的骄傲所占据。

印象最深刻的是一位约莫四五十岁的大哥，大概每月光顾一次，总穿一身深色的衣服，戴着眼镜，且不善言辞，除了礼貌性地问候外，我们之间的交流并不多，我害怕过多的言语会打破他选书时候的专注。他每次选完书结账的时候，都会把塑封拆去并握成团放到自己的裤兜里，之后在书的扉页盖上书店的印章，才满意地离开。昨天他又来店里了，因为挑选的书籍可以参与满减活动，我提醒他要不要再看看，再凑一本满减的书相当于第二本免费送，大哥说书还是买一本看一本吧，另外还说不想“占便宜”，因为在这座城市里有一家这样的独立书店不容易。我是很感性的人，见到这样的读者与这样的场景，眼泪一直在眼圈里打转，大哥带给我的不仅仅是一份感动，还有无声的充满力量的鼓励。特

迪伦诗歌集
BOB DYLAN
THE LYRICS
木乃万物之根
溪乃四海之源
木木分分做人
点点滴滴做事

别想向他解释一下即使被“占便宜”，我们还是有的赚，但来不及说大哥就走了。

记得在门洞里书店刚开门的时候，有位顾客一次性购买了近2000元的书籍，我和他说这么多书到网上购买会更便宜。他回复我，就在你们店里买，好不容易有家独立书店，需要贡献微薄之力……书店成长的路上一直都有感动相伴。

当然有快乐就会有悲伤遗憾的时刻，尤其是无法弥补的时候。刚刚过去的三年，书店人一路走得跌跌撞撞，很多计划好的活动被“开开关关”的通知和要求一次次中断。每次活动整理完报名表后，过两天再通知参与者活动被迫取消时，都要做好久的心理建设，直到后来放弃了做活动的打算，我对自己说疫情不结束，门洞里不再策划任何活动，真的心累了，也怕了。

那一次，门洞里书店报名广西师大出版社的“加油！书店”活动，店员体验活动开启后，很快就有两名小伙伴报名，我和报名者取得联系并沟通好活动内容，只待活动开启，我们共同完成书店里的一天工作。无奈，因为疫情要求书店不能营业，活动被迫取消，这也造成了开书店以来，我心中最大的遗憾。

疫情终于结束了，新一季的“加油！书店”活动再度开启，当我看到书店报名通道打开后第一时间填写完成，差不多同一时间我收到了去年报名店员体验活动的小弟发来的微信，问我今年是否还有这个活动，并说与他一起报名的小妹妹，之前约好一起参加，但活动取消他们也很遗憾，计划下次再一起报名的，但半年前小妹妹因病去世了……当听到这个消息的时候，我整个人都蒙了，一切无法弥补了。后来店里没有对外开放新一季的店员体验活动报名，我发信息给去年报名的小弟，希望他今年继续参与，完成我们未完成的心愿，他欣然接受。活动当天，我把一份店员体验的物料包给了他，另外一份摆在店里的书架上，是给上一季报名的小妹妹留的，并且会永远为她保留着……

慢慢地，我和很多读者变成了朋友，书店也被越来越多的人包容、接受并需要，我在接受这些温暖的同时，也用了很多时间搜集关于这座城市的声音、故事和影像，制作了一些相关文创物件。对于离乡的伙伴，我们一起留住空间中的乡愁；对在小城生活的伙伴，我们一起留住时间中的乡愁。

“门洞里书店要与小城系上一个打不开的结”，这是书店进门后看到的第一句话，我把这句话当作门洞里书店的经营信条。门洞里书店要和这座城市打的这个结，不是硬生生地与小城扯上关系，而是相互依存，小城为书店提供养料，而书店在小城生根发芽，提供别样的人文风景。除了图书售卖外，书店也是一个相对自由的城市公共空间，虽然因为疫情原因导致一些活动策划最终流产，但门洞里书店还是完成了 12 场关于电影社会学的小型沙龙和多场放映活动，唯一遗憾的是门洞里作为一家小型独立书店，因场地有限，不能满足所有想参与活动的人，有些读者遗憾没能连续参与相关联的活动，打破了系列活动的完整性。

关于书店的思考与困惑，确实有一个问题始终伴随着我。门洞里与大多数独立书店有一点不一样，就是我们身处的城市，这座小城规模在肉眼可见地缩小，老龄化一天天加深，未来会变成什么样子，未来的书店会变成什么样子，真的不敢想象，我没有一个可以说服自己的答案。

小众，这个词对于小城的独立书店来说也有两面性，不好的一面是太小众了，在人口基数小的地方想要长久经营下去不是一件容易的事；好的一面也是因为太小众了，它的受众即使再流失又能流失多少呢。小城市书店与其他的小规模店铺一样，都不需要太多人维持运营，于门洞里书店而言，可能有几百位长期光临的顾客就可以使它长久地经营下去，所以按这个逻辑思考，似乎前路也没有那么不堪。

但是，有的时候还会追问自己，如果小城流失的大部分人是门洞里书店的受众呢？每当想到这里，无力感油然而生，到那时书店该何去何从呢？我不知道……外部的大环境是我决定不了的，但书店的品质是我可以努力提升的，我会把书店慢慢变成理想中的模样，至于未来会怎样，顺其自然吧。

书店里的图书慢慢积累，库存变得多起来。开始总担心卖不出去，每本书只会进一两本，没什么副本也就没有什么库存压力。后来逐渐建立起一点儿信心，进货量也随着增加，但并不是全部都能卖掉，对于门洞里这种规模的小书店来说，库存单靠一家店很难消化。我有一个大胆的想法，也是打算付诸实践的想法，或许比打折促销等消化库存来说，再开一家书店也许是更好的选择呢。希望门洞里书店能够早一点儿见到它的姊妹店。

开书店改变了我的生活状态，做喜欢做的事物，投入百分百的热情，随之而来的满足感是我之前从未拥有过的。在书店里堆满自己喜欢的书籍，推介给那些聊得来的朋友是我乐此不疲的事情。书店是一片自留地，我面临的好多问题都在这里寻得答案，当然我无数次向自己提问，随时保持清醒，让思考永不落幕。

著名作家博尔赫斯曾经说：“如果世上真的有天堂，那一定是图书馆的模样。”而书店就是我们身边唾手可得的图书馆啊！理想不死，书店常在！

书店地址：辽宁省本溪市平山区新城路 65 号

开业时间：2019 年 5 月 1 日

书店格言：让书店与城市系上一个打不开的结

小红书账号：門洞裡書店 ~BigPan

汪国真